漫游希腊

藏羚羊旅行指南编辑部 编著

北京出版集团公司
北 京 出 版 社

图书在版编目（CIP）数据

漫游希腊 / 藏羚羊旅行指南编辑部编著. — 北京：北京出版社，2016.8

ISBN 978-7-200-12311-1

Ⅰ. ①漫… Ⅱ. ①藏… Ⅲ. ①旅游指南—希腊 Ⅳ. ①K954.59

中国版本图书馆CIP数据核字（2016）第163764号

漫游希腊

MANYOU XILA

藏羚羊旅行指南编辑部　编著

*

北 京 出 版 集 团 公 司
北　京　出　版　社　出版

（北京北三环中路6号）

邮政编码：100120

网　　址：www.bph.com.cn

北京出版集团公司总发行

新华书店经销

北京天颖印刷有限公司印刷

*

889毫米×1194毫米　32开本　7印张　230千字

2016年8月第1版　2016年8月第1次印刷

ISBN 978-7-200-12311-1

定价：39.80元

如有印装质量问题，由本社负责调换

质量监督电话：010-58572393

前言

位于欧洲巴尔干半岛最南端的希腊，地处爱琴海、爱奥尼亚海和地中海的交界处，早在公元前 2200 年，就在今日的克里特岛上出现了米诺斯文明，它和后来将发展转移到希腊本岛的迈锡尼文明，形成欧洲最早的两大文明，也因此使得希腊获得“欧洲文明发源地”的美誉。

一脉相承的悠远历史，在公元前 8 世纪时走出另一个格局，新生的希腊文明，不但诞生了西方文学中最早的史诗——荷马史诗，更出现了柏拉图、苏格拉底等至今仍对西方思想影响深远的哲学家，而他们在地中海沿岸建立起的殖民地——希腊城邦“波利斯”(Polis)，衍生出今日的“政治”等名词，其他在戏剧和神话传说上的表现同样不遑多让，也因此，让人想起希腊，便引发了无限遥远的想望。雅典卫城、古科林斯、奥林匹亚遗址……一处处历史悠久的宏伟遗迹，不但成为古文明送给今人的最佳遗产，更是无数游客争相探访的热门景点。

除了这些在阳光下闪闪发光的迷人“石头群”之外，爱琴海的碧海蓝天同样深受游客喜爱。海天一色的湛蓝，美得令人窒息，点缀其中的则有散落在岛屿上的白色房舍，是体验当地人悠闲生活的最佳住处，无论是 3~7 天的游轮之旅，或是居游某处长达一个月的时间，都是体验海岛浪漫风情的好选择。

《漫游希腊》首先从希腊传统美食、希腊购物、希腊世界遗产等几个方面进行概述，由此激发起游客对希腊的兴趣，之后再以分区的形式向游客介绍希腊各个主要城市以及海岛的交通方式、精华景点、住宿、美食、购物等信息。

不论是在旅行前做攻略还是正在旅途中游玩，本书都会对读者起到指导性的作用。

目录
contents

contents

目录

contents

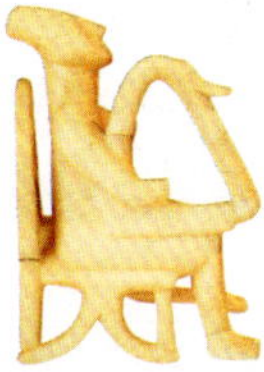

希腊传统美食

虽然身为欧洲热门的旅游度假胜地，不同于法国以鹅肝和功夫鸭、西班牙以小菜和海鲜饭、意大利以比萨饼和意大利面等美食闻名，希腊除了菲塔(Feta)乳酪和沙拉之外，似乎没有什么特别能让人直接产生联想的名菜。不过这并不代表希腊的传统食物没有惊人之处，事实上，因为环境得天独厚，当地提供的可是最新鲜的本地滋味！

相较于希腊悠远且丰富的历史与艺术，希腊人的饮食文化的确较为简单：没有复杂的烹饪过程，仅以最简单的烘烤、油炸或是炖煮的方式；也没有过多的调味，仅以当地盛产的橄榄油和大蒜加上柠檬或盐巴。然而这一切并不代表希腊人不重视饮食，相反，他们的嘴是很挑剔的，在意的是食材新鲜与否。

因为唯有最新鲜的食材，才能在最简单的料理方式下，产生美妙的滋味。而希腊就是这么得天独厚，温和且日照充足的地中海气候带来色彩缤纷且甜美的蔬果，四周环绕的海岸提供多样且充足的海鲜，山林中则培育着牛羊等牲畜……来到这样的地方，谁还需要浓稠重味的酱汁或是烦琐的烹调过程呢？毕竟阳光和大自然已经为所有人创造了最美味的元素！

希腊咖啡

希腊的一天，从一杯又浓又甜的咖啡开始。将磨得极细的咖啡粉倒入带柄的铜壶中，加入一大匙糖，注入热水，然后放在火炉上加热，沸腾之后熟练地将上层的泡沫拨掉，倒入杯子中，咖啡粉、砂糖都沉入杯底，形成浓浓的甜浆，这就是希腊人的最爱。

咖啡占卜

对于游客来说，很多人喝不惯带点儿酸味且掺杂咖啡渣的希腊咖啡，不过正因为有咖啡渣，才能够进行咖啡占卜。所谓的咖啡占卜，就是利用咖啡杯底残留渍迹的形状断论当日运势：圆形象征好运，点状则须注意健康，波浪状表示阻碍，三角形则视正反为好坏变化……不过形状通常很难归类，至于结果正确与否，不妨当作消遣。

橄榄

橄榄构成了希腊人的基本生活，除了可用来制造肥皂、乳液等日常用品外，更是希腊料理的核心，餐桌上少不了腌渍的橄榄、橄榄油、橄榄酱。其中橄榄油又大有学问，除了用来加热煎、炸食物的橄榄油之外，还有直接淋在沙拉上的调味橄榄油，有的是味道香浓的纯橄榄油，有些还会加入各种不同的香料、辣椒等，产生数十种不同的味道。

腌渍物

希腊有许多以蔬菜腌渍而成的小菜，称为“Mezedes”或“Mezés”，这原是一种流传于地中海和中东地区以小盘盛装的食物，衍生自奥斯曼土耳其帝国的料理，其名称来自土耳其文的“meze”，意思是“津津有味的”。在希腊的小酒馆里点一杯酒，可以顺便品尝这种下酒菜，而在菜市场里，更可看到一桶桶待售的腌渍蔬菜、橄榄，有的用油腌渍，有的则是用醋，选择众多，令人眼花缭乱。

希腊沙拉

希腊沙拉（Greek Salad）是当地最常见的食物，以切片番茄、小黄瓜、青椒、红洋葱、腌渍橄榄等大量蔬果加上菲塔乳酪，并以胡椒、盐和橄榄油调味，几乎可以说是希腊的国菜。新鲜蔬果饱足，吸满阳光，口感香脆鲜甜，不同于印象中的沙拉，希腊沙拉中没有出现任何叶状蔬菜。除了这种常见的希腊沙拉之外，事实上在希腊某些传统餐厅中，还可以吃到另一种被称为“农夫沙拉”的希腊沙拉，有的会在希腊沙拉名称后面加标“Peasant”这个字，有的则直接以英文标为“Greek Salad”，而它完全颠覆我们对外国沙拉生吃的印象，是以大把的菠菜烫熟后，淋上大量的橄榄油，上桌时还散发着些许热气，令人联想起我国的烫青菜。

菲塔乳酪

希腊生活中另一项必不可少的基本食材就是乳酪，一到超市或传统市场里，会看到各式各样的乳酪，让人几乎无从选择，其中又以菲塔乳酪（Feta Cheese）最受欢迎，这种咸乳酪在当地的传统料理中几乎天天都会吃到，无论是拌上橄榄油直接食用，或是加入沙拉中，甚至于加以油炸，都是它常见的食用方式。

慕沙卡

在开胃菜部分，慕沙卡（Mousaka）是一种广泛出现于地中海和中东一带的料理，希腊式慕沙卡以肉馅、马铃薯、茄子为材料，由下往上层层堆叠，送入烤炉中烘烤。外观看起来很像意大利的千层面，差别在于以马铃薯和茄子取代面皮，常切成方块状上桌，口味相当不错。

海鲜

由于环绕着漫长的海岸线，海鲜几乎可说是希腊料理中的重头戏，各式海产品都是菜单上必备的菜色，也因为食材新鲜，所以当地几乎只以简单的烧烤或油炸方式料理，简单撒上一些盐巴后，随柠檬一同上桌，虽然做法简朴，不过滋味最真实。

肉类料理

肉类料理方面，由于希腊长期受到奥斯曼土耳其帝国的统治，因此在饮食方面也深受其影响，不但在菜单中常见羊肉料理，土耳其烤肉（Kebab）亦是随处可见。索瓦兰吉（Souvlaki）则是希腊的烤肉串，类似于土耳其的羊肉烤肉西西卡巴（Sis Kebabi）。其他还有肉球（Meat Ball），除了直接放进炉子烤之外，还有和番茄酱汁一同炖煮的做法。

沙拉泥 Skordalia

由于希腊沙拉给人的印象太强烈，以至于人们都忽略了希腊其他种类的沙拉，其实当地还有一种以不同蔬菜或乳酪打成泥状或糊状、用来搭配面包食用的沙拉泥。比较常见的沙拉泥包括以大蒜和小黄瓜打成的酸奶黄瓜（Tzatziki）、辣乳酪打成的乳酪蘸酱（Tirokafteri）、茄子打成的茄子泥沙拉（Melitzanosalata），以及以马铃薯和大蒜打成的蒜泥土豆（Skordalia）。

希腊购物

热爱美食、狂欢的希腊人，常常给人一种悠闲，甚至慵懒的印象，无论身处何处，当地人总是以一副不疾不徐的姿态，慢条斯理地处理着手边正做的事，仿佛和世人遵循的是另一套标准时间。下午时分，街头便涌现人潮，逛街的、露天咖啡座下聊天的……常常让游客误以为遇上当地的连续假期。

希腊人应该是欧洲人中最懂得快乐生活的，他们工作的时间很短，除了商店或餐厅，一般的上班族通常周一、周三和周六只工作到下午两三点，于是大把空闲下来的时间，便用来午睡、散步、晒太阳、饮酒、聊天、约会和跳舞。

橄榄美妆用品

在雅典被称为雅典以前，智慧女神雅典娜和海神波塞冬争相角逐成为这座城市的守护神，雅典娜以橄榄树做宣传，因而赢过以三叉戟敲地产生海水之泉的波塞冬，可见橄榄在古希腊人的心目中，就已经因为它的功用而深受喜爱。时至今日，橄榄更成为希腊人日常生活不可或缺的东西，除了食用之外，橄榄油制成的天然香皂、洗发精、保养品都是希腊人保持健康的秘诀，其中特别是以橄榄油制成的香皂，没有添加任何化学制品，不但具有非常高的保湿性，而且使用起来非常清爽，希腊各地景点更以当地特色，将它包装得俏皮可爱，因而成为炙手可热的旅游纪念品。

天然海绵

由于三面临海，希腊深受海洋的照顾，特别是爱琴海一带，因为寒暖流的交汇，使得当地得以生产非常优质的海绵。海绵是一种多细胞动物，表面有许多凸起与小洞，等海水注入小洞后，以其中的微小生物为食。一般潜水夫采集海绵后会先在海边将它埋在坑中，等剩下它的骨骼也就是纤维体后，就成了我们所说的天然海绵。海绵依照不同的形状分成不同等级，球形品质最为优良，通常会保持原形和原色彩（褐色）出售，价格也居高不下。此外，依照纤毛的质地不同也有不同的功用，蜂巢状清洁力最强，适合深层洁净毛孔，而丝绸海绵则更适合宝宝和脸等较细嫩的肌肤部位。

皮制凉鞋与皮件

近年来罗马鞋大为风行，在希腊，设计多样的皮制凉鞋更是选择众多，不但款式各种各样，而且横跨古希腊风格到今日潮流。这些价格合理的手工平底凉鞋，更以舒适著称，看看当地起起伏伏的地形和兴建于高山上的卫城和碉堡，希腊皮制凉鞋的舒适度，想必早已经过长时间的历史考验。此外，皮包、皮夹等各种皮制装饰品，也是当地必买的纪念品，价格同样合理，主要依皮的种类、上色和手工而定。

蜂蜜

具有清热、解毒、润燥等功效的蜂蜜，可能是人类最早的甜点，而它早在几千年以前，就深刻影响着希腊的饮食和文化，希腊人不但将它添加于药品里，也将其作为美容圣品。希腊蜂蜜因为独特的香气和浓郁的味道而扬名国际，这一切和当地怡人的气候和充足的阳光有关，这样的气候不但使各类鲜花生长得欣欣向荣，也让蜂蜜中的含水量降低，因此无论浓度和甜度都很高。此外，由于希腊盛产多种干果，所以当地许多蜂蜜中还加入核桃、杏仁等增加香味，使选择更加多元。

干果

干果不仅是聊天时的零食，还具有抗衰老的高营养价值。由于地中海沿岸气候干燥，适合生产花生、杏仁果、开心果等，因此在市场中或是特产店中，常常可以看见各种干果及相关产品，不妨买些来尝尝，贴近希腊人的日常生活。

葡萄酒与茴香酒

喜好狂欢的希腊人，经常派对到天亮，而酒更是其中最重要的催化剂。根据出土的文物显示，希腊是栽种葡萄树历史最为悠久的国家，境内拥有多家酒庄，其中以圣托里尼岛和克里特岛的最为著名。不过比起市场上常见的葡萄酒，茴香酒（Ouzo）更能代表希腊，这种经蒸馏而成的高浓度开胃酒，呈透明状，一般希腊人喝时，以小杯方式饮用，饮用前先将水倒入使它变成混浊的白色，然后再小口小口浅酌，搭配干面包、腌橄榄、酸黄瓜、菲塔乳酪等下酒菜。而希腊人前往咖啡馆喝茴香酒，通常不只是为了喝酒，而是为了几番争论和牌桌上的输赢，如此一来，他们的一天才能落幕。

希腊
世界遗产

希腊拥有 17 项世界遗产，其中包括 15 项文化遗产和 2 项双遗产。这些遗产都是希腊圣地和过往盛世的代表。除了这些过往的荣耀，希腊人还将古迹赋予新生命，借由每年举行的庆典以及 4 年一度的奥林匹克运动会，将古代精神延续下去。

1 巴塞的阿波罗神殿

Temple of Apollo Epicurius at Bassae

● 1986 年，文化遗产

这个著名的神殿是为祭祀太阳神阿波罗以及医神阿斯克勒庇俄斯（Asclepius），兴建于公元前 5 世纪，在希腊建筑的三大柱式——多利克式（Doric）、爱奥尼亚式（Ionic）和科林斯式（Corinthian）中，是目前发现最早的科林斯柱式建筑。风格大胆的建筑，独自矗立在阿卡狄亚群山间。

2 雅典卫城

Akropolis, Athens

● 1987 年，文化遗产

公元前 5 世纪前后是雅典最鼎盛的时期，雅典人从此时开始于山丘上建立卫城的神殿、剧场等。所谓卫城，即高地上的城邦，由高地（Akro）和城邦（Polis）两字组成，共有两种意义，一是祭祀的圣地，兴建有雄伟的神殿，但同时也是都市国家的防卫要塞。

在希腊各地建有多座卫城，其中又以雅典卫城最精彩，起源能追溯到最初兴建于山丘上的雅典娜神庙。在如今这座耸立于 70 米高山丘上的大理石建筑群中，又以帕尔特农神庙、厄瑞克忒翁神庙和南面的狄俄尼索斯酒神剧场、希罗得 · 阿提库斯剧场最为精彩。

3 德尔斐遗迹

Archaeological Site of Delphi

● 1987 年，文化遗产

德尔斐是古希腊最重要的宗教圣地，古希腊人认为这里是世界的中心。有个钟形的大理石遗迹，象征大地的肚脐，也正因为它特殊的地理位置，传说阿波罗会在此显示神谕。

位于海拔 2 000 米左右的德尔斐遗迹，包括阿波罗神殿（Temple of Apollo）、雅典人的宝库（Athenian Treasury）、剧场（Theatre）等建筑，都是参观的重点。虽然交通不方便，但德尔斐特殊的环境景观和保存完整的遗迹，使这里成为仅次于雅典卫城最热门的景点。

4 埃皮达鲁斯遗址

Archaeological Site of Epidaurus

● 1988 年，文化遗产

从公元前 4 世纪开始，埃皮达鲁斯成为祭祀医神阿斯克勒庇俄斯的圣地，同时也是希腊著名的医疗胜地，许多公共澡堂、医院和疗养院等在此设立，不过如今已不复见昔日规模，反而剩下一些为祭祀而建的设施。

在埃皮达鲁斯遗址中最精彩的就是可以容纳 14 000 人的大剧场，号称音响效果最好的建筑，以精密的计算设计而成。站在剧场中央丢一个钱币，敲击地板的声音可以传到最高的座位上去。过去这里是为庆祝两年一次的祭神仪式而举办戏剧表演的场地，如今每年的埃皮达鲁斯庆典都在此上演一出出流传千年的希腊戏剧。

5 罗得岛中世纪都市

Medieval City of Rhodes

● **1988 年，文化遗产**

位于罗得岛北边的罗得古城最早的建城时间可追溯到公元前 408 年，但经过几度地震、战争的破坏，现在所呈现的罗得旧城风貌，主要是 14 世纪时，由圣约翰骑士军团所建。

1309—1523 年间，自耶路撒冷撤退的圣约翰骑士军团驻守于此，对抗东方的伊斯兰教势力。在骑士军团的统治之下，罗得古城成为一座固若金汤的岩石城：石块筑起的城墙，最宽达 12 米，整个将罗得旧城包围起来，必须通过城门才能进入旧城区，充分展现战时的防御功能。旧城内的街道狭窄曲折，房舍呈现中世纪的古典风格。除了骑士军团之外，威尼斯人和土耳其人也曾统治此地，因此整座城市呈现多样景观，上城以大教堂和骑士团长宫殿为主，下城则混合了土耳其澡堂、清真寺甚至犹太会堂等。

6 迈泰奥拉

Meteora

● **1988 年，文化&自然遗产**

迈泰奥拉自从被列入《世界遗产名录》之后，每天都有超过 2 000 的朝圣者与游客涌入。最主要的参观重点是位于岩块上的修道院，大部分建于 14 世纪。在修道院里的生活十分艰苦，直到 100 年前，修道士所需的食物和水仍仰赖缆索运输。现在总共有 6 座修道院残存下来，院内的圣像画非常精细，是另一个吸引人的地方。

7 阿索斯山

Mount Athos

● **1988 年，文化&自然遗产**

阿索斯山是希腊东正教的圣山，严禁女性及小孩入山，自 1054 年成为希腊东正教的精神中心。这座拜占庭艺术的宝库，拥有 20 座修道院及约 1 400 名修道士，修道院的设计影响远至俄罗斯，而绘画流派则影响了东正教的艺术发展。

8 塞萨洛尼基的初期基督教与拜占庭式建筑群

Paleochristian and Byzantine Monuments of Thessalonika

● **1988 年，文化遗产**

塞萨洛尼基遗址始建于公元前 315 年，这里是最早的基督教传播地之一。这些精致的基督教建筑，陆续修建于公元 4 世纪至 15 世纪间，呈现出不同时期的建筑特色，这点也影响了拜占庭世界。圣季米特里奥斯教堂和圣大卫教堂的马赛克艺术可以说是早期基督教艺术的伟大作品。

9 奥林匹亚遗址
Archaeological Site of Olympia

●1989 年，文化遗产

这里是奥林匹克运动会的发源地，希腊人为表现他们对众神的崇敬在此举行各种祭神庆典。希腊人多半同时举办体育竞技和文艺表演，这些竞技中，就以奥林匹亚举行的最为知名，因为这是为众神之王宙斯所举行的。

奥林匹亚与宙斯密不可分，从遗迹的布局便可瞧出端倪。兴建于公元前 5 世纪的宙斯神殿坐落于城市中央，尽管已经颓圮，然而散落一地如巨轮般的多利克式石柱依旧震撼人心。除了工程浩大的神殿之外，还有一座足以容纳 45 000 名观众的运动场和面积更大的赛马场，是当年举行竞技活动的场地。

10 米斯特拉斯
Mystras

●1989 年，文化遗产

米斯特拉斯于 1249 年由古希腊亚加亚（Achaia）地区的王子威列哈督因的威廉（William of Villehardouin）所建，在当时盛极一时，先后被拜占庭人、土耳其人及威尼斯人所统治。1832 年整座城被遗弃，目前仍残存着令人屏息的中世纪遗迹，矗立于美丽的景观中。

11 提洛岛
Delos

●1990 年，文化遗产

提洛岛位在基克拉泽斯群岛的中央，因为地理位置特殊，提洛岛自古就是战略要塞，到了罗马人统治时代，这里更成为爱琴海的海上贸易中心，来自叙利亚、埃及等地的商队都曾在岛上留下遗迹。除了经济发达之外，提洛岛还是传说中太阳神阿波罗的出生地，自公元前 700 年开始就被视为祭祀的圣地，至今仍留有许多神庙遗迹。

12 达夫尼修道院、俄希俄斯罗卡斯修道院及希俄斯岛的希俄斯新修女院
Monasteries of Daphni, Hossios Luckas and Nea Moni of Chios

●1990 年，文化遗产

这三座修道院虽然相隔有一段距离，但其美学特色相彷。兴建于广场之中的教堂皆为十字形，大圆顶由内角拱支撑，呈八边形结构。金色背景装饰着华丽的大理石，为拜占庭艺术第二个黄金时期的代表。

13 萨摩斯岛的毕达哥利翁与赫拉神殿

Pythagoreion and Heraion of Samos

● **1992 年，文化遗产**

萨摩斯这个地处爱琴海的岛屿地理位置十分靠近小亚细亚，从公元前 3000 年前，便已发展出自己的文明。在毕达哥利翁这个堡垒状的港口中，可发现希腊及罗马的历史遗迹，而赫拉神殿至今仍可见其壮观的建筑规模。

14 韦尔吉纳遗迹

Archaeological Site of Vergina

● **1996 年，文化遗产**

19 世纪被发现的城市艾盖（Aigai），是马其顿王国最初的首都，靠近希腊的韦尔吉纳。这里最重要的发现就是亚历山大大帝的父亲菲利浦二世的坟墓，他征服了所有希腊城市，为亚历山大及希腊世界奠定了扩张基础。

15 迈锡尼与梯林斯遗迹

Archaeological Sites of Mycenae and Tiryns

● **1999 年，文化遗产**

迈锡尼和梯林斯两大希腊古文明遗址和文物的出土，解开了迈锡尼文明之谜，也让《荷马史诗》中提到的黄金王国有了证据确凿的历史。1876 年时德国考古学家施里曼发现了迈锡尼，让这个在公元前 16—公元前 12 世纪支配希腊本土及爱琴海岛屿霸权的古文明，重现在我们眼前。

迈锡尼遗址当中最精彩的部分包括迈锡尼卫城的狮子门（Lion Gate）、阿特柔斯的宝库（Treasury of Atreus）等。而出土的文物黄金面具、酒器和各项装饰品展现了迈锡尼文化的精髓，如今收藏于雅典的国家考古博物馆中。

16 帕特莫斯岛的圣约翰修道院与启示录洞窟的历史区

Historic Centre (Chorá) with the Monastery of Saint John "the Theologian" and the Cave of the Apocalypse on the Island of Patmos

● **1999 年，文化遗产**

帕特莫斯岛是神学家圣约翰执笔写下《福音书》(*Gospel*)和《启示录》(*Apocalypse*)之地，岛上的宗教建筑不少，10 世纪末期这里建造了一座修道院，成为希腊东正教的学习地及朝圣地。

17 科孚古城

Old Town of Corfu

● **2007 年，文化遗产**

科孚是位于爱奥尼亚海的希腊小岛，同时也掌控了亚得里亚海的出入口，极具战略价值。在古希腊时代，科孚就已经在希腊神话中出现。海洋之神波塞冬迷恋上大河之神的女儿科基拉（Korkyara），并把她掳来这座岛屿而结为夫妻。在威尼斯强盛的时代，威尼斯人在这里兴建了三座碉堡，防止奥斯曼帝国的入侵。

雅典

雅典是希腊的首都，同时也是历史悠久的文化古都。在希腊神话中，海神波塞冬与智慧女神雅典娜为了成为这座城市的守护神而相互竞争，最后由赠予市民橄榄树的雅典娜赢得胜利，这座城市因而得名雅典。卫城坐落于 150 米高的丘顶上，是雅典的地标，从残存的遗迹仍能想见昔日的城市规模，气势磅礴的神殿、精雕细琢的装饰，都是古时荣光的最佳见证。

雅典市区以宪法广场（Syntagma）为中心，不仅是政府机关所在，也是繁忙的交通要站；宪法广场以南、卫城山脚下的区域，称为普拉卡（Plaka），这一区旅馆、餐厅、咖啡馆与纪念品店云集，也有古代遗迹错落，是雅典的旅游精华所在。在这里放松心情、放慢脚步，便能感受雅典的城市魅力。

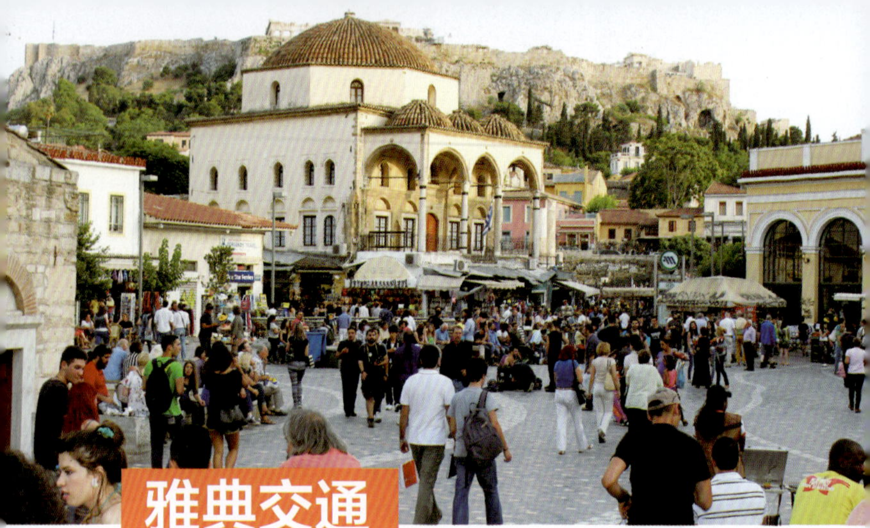

雅典交通

如何到达——机场至市区交通

一般简称为新雅典机场的艾雷夫瑟里欧斯·威尼塞罗机场（Eleftherios Venizelos Airport），位于希腊市区东南方约 33 千米处。该机场共分为两层，下层供入境使用，上层供出境使用，旺季时该机场还提供飞往海岛的班机，因此既是国际机场，也当作国内机场使用。

国际机场内附设 24 小时的旅馆订房柜台、汇兑中心、租车公司柜台，以及能提供非常多协助的希腊国家旅游局旅游服务中心等设施。

www.aia.gr

巴士

新雅典机场提供非常方便的大众交通工具前往市区，其中搭乘巴士是最方便且便宜的方式。95 号巴士前往雅典市中心的宪法广场，不论日夜几乎每 20 分钟 1 班且 24 小时运行，从机场到宪法广场，车程 50 ~ 60 分钟。96 号巴士经格利法扎（Glyfadha）和沿海郊区抵达比雷埃夫斯港（Peiráievs），同样 24 小时营运，白天平均每 20 分钟 1 班，深夜约 40 分钟 1 班，其他还有前往郊区巴士总站基菲苏（Kiffissou）和利奥西翁长途汽车站（Liossion）的 93 号巴士等。以上巴士票价每人 5 欧元，可以在巴士站旁的售票亭或向司机直接购买车票，购票后将车票放入巴士内的打票机戳时生效。详细巴士班次与时间可上官网查询。

雅典市运输机构

(Athens Urban Transport Organisation，OASA)

Metsovou 15, Athens

210-8200999

www.oasa.gr

地铁

从新雅典机场前往雅典市

中心最快速的方式是搭乘地铁，地铁3号线和郊区火车共用车站（Airport Eleftherios Venizelos），可以直接从机场抵达市中心的宪法广场，或转搭其他线地铁前往各处，从机场前往宪法广场约需45分钟，火车运营时间为6:30-11:30，平均每半小时1班。90分钟内的单程车票票价为8欧元，48小时内的往返车票为14欧元，2～3人同行另有优惠，详情上官网查询。

雅典地铁营运公司

(Attiko Metro Operation Company S.A.)

www.amel.gr

雅典—比雷埃夫斯电气铁路公司（Athens-Piraeus Electric Railways, I.S.A.P., 1号线）

www.isap.gr

火车

从机场也可以搭乘郊区火车前往位于雅典市区西北方的拉里西斯火车站（Larissis Station），可由此再转搭地铁前往市区各区，火车营运时间为5:50至次日1:20。另外也有部分火车前往比雷埃夫斯，车程约65分钟，平均每小时1班，另外也有火车前往伯罗奔尼撒半岛的科林斯，车程约90分钟，平均每小时两班，营运时间为7:05-23:05。

希腊国铁公司（OSE）

www.ose.gr

出租车

从新雅典机场搭乘出租车前往市区并不会特别快，尤其是交通高峰时段，可能会需要将近90分，不塞车的情况大约也需要40分钟，此外费用也不便宜，需要30～35欧元。

如何到达——火车

雅典市区内只有一个火车站——拉里西斯火车站，位于奥莫尼亚广场的西北方。火车站对面就是地铁站，两者间以地下通道相连接，可直接转搭地铁前往雅典各地，另外也可以搭乘1号电车或M2巴士前往奥莫尼亚广场、宪法广场以及卫城附近。

如何到达——巴士

雅典有两处主要巴士站，都位于郊区，基菲苏巴士站一般又称为A巴士总站，利奥西翁巴士站则称为B巴士总站。

往来于国际的巴士都停靠于基菲苏巴士站或火车站旁，另外往来于雅典和伯罗奔尼撒之间的巴士，也大都停靠在基菲苏巴士站，由此可搭乘51号巴士前往奥莫尼亚广场附近，再转搭巴士或地铁前往雅典各地。至于往来于雅典和德尔斐等中部地区之间的巴士，则停靠利奥西翁巴士站，由此可搭乘24号巴士前往奥莫尼亚广场。

基菲苏巴士站

100 Kifissou St.

210-51249101

利奥西翁巴士站

260 Liossion St.

210-8317096

市区交通

大众交通票券

雅典的大众交通工具（地铁、巴士、电车）共用同一种票券，成人市区单程每趟 1.4 欧元，可在 90 分钟内无限转乘所有大众交通工具，另外也有一日券和周票，费用分别为 4 欧元和 14 欧元，必须注意的是，这些票券均不可以搭乘前往机场的地铁或巴士。此外，还有一种 90 分钟的单程巴士券，该车票可搭乘巴士或电车，但不可以彼此转乘，费用单程为 1.2 欧元。车票可在站牌旁的书报摊或售票口以及地铁站购得，司机并不售票，上车或进地铁站后记得打票生效，以免遇到查票员被处罚高额的逃票罚款。

地铁

雅典地铁对游客来说无疑是往来城市间最方便的大众交通工具，地铁以数字划分为 3 条线，各以不同颜色区分。其中串联起机场—雅典—比雷埃夫斯的 3 号线，经常为游客乘坐，不但可以从机场前往雅典市区，沿途还经过博物馆林立的索菲亚王后大街（Vassilissi Sofias）、宪法广场，以及位于古市场旁的莫纳斯蒂拉基（Monastiraki）站，此外更能直达比雷埃夫斯，展开新的行程。至于红色的 2 号线，则串联起拉里西斯火车站、奥莫尼亚广场以及宪法广场，是从雅典前往其他城市的重要转运点。雅典地铁的运营时间为 5:30-24:00，车上提供英文报站。

雅典地铁营运公司

（Attiko Metro Operation Company S.A.）

www.amel.gr

雅典—比雷埃夫斯电气铁路公司

（Athens-Piraeus Electric Railways, I.S.A.P., 1 号线）

www.isap.gr

巴士与电车

雅典市区景点大体还算密集，不过由于地处丘陵地带，上上下下的地势有时也让人走起路来吃不消，特别是前往郊区的巴士总站必须搭乘巴士，因此常常必须换乘地铁与巴士，不过如果能够熟悉几条巴士和电车路线，则可以省去换乘交通工具的麻烦或少走些冤枉路。

连接机场和宪法广场的 95 号巴士，在市区行驶于索菲亚王后大街上，因此对于想参观沿途博物馆的人来说不妨多加利用。至于电车方面，往来于卫城、宪法广场、奥莫尼亚广场和拉里西斯火车站的 1 号电车，往来于索菲亚王后大街、宪法广场、奥莫尼亚广场和国家考古博物馆附近的 3 号电车，还有往来于宪法广场、奥莫尼亚广场和国家考古博物馆附近的 5 号电车等，都能让游客在雅典旅行时更为方便。此外，雅典市区也有巴士前往近郊的比雷埃夫斯、苏尼翁岬以及达夫尼修道院。巴士和电车的营运时间为 5:00-24:00，95 号机场巴士则为 24 小时。

雅典市运输机构

（Athens Urban Transport Organisation，OASA）

Metsovou 15, Athens

210-8200999

www.oasa.gr

出租车

雅典景点之间大多也相距不远，因此使用出租车的概率实在不高。雅典的出租车都是黄色的，起跳价格因白天和夜间以及市区与郊区不同，为 0.34~0.64 欧元，此外起、终点为机场、港口、火车或巴士站者，需另外支付不等的费用，而电话叫车以及携带超过 10 千克的行李也会另外计费。搭乘前最好先向旅馆或饭店工作人员咨询大致的费用，以免受到某些不良司机的蒙骗。

旅游咨询

希腊国家旅游局

总局

7 Tsoha, Athens

210-8707000

周一至周五 8:00-15:00

www.visitgreece.gr

市区咨询柜台

26 Amalias, Athens

210-3310392

平日 9:00-19:00，周末和假日 10:00-16:00

机场

入境大厅

210-3530445

周一至周六 9:00-19:00，周日 10:00-16:00

精华景点

普拉卡区周边

普拉卡区是雅典的心脏，仍保持着 19 世纪的风貌，区内历史超过数十年的建筑，重新装修之后，成为餐厅、咖啡馆和商店，这些利用旧建筑展现的雅典新格局，成为此区吸引游客的原因，漫步其中，可以体验雅典新市区中没有的石板地和狭窄巷弄，沿途随地势延伸的旧住宅各具特色，甚至有些老房子还被改建成迷你博物馆对外开放。此外，数不尽的商店将希腊各地的特产全部集中在一块，在大开眼界之余更能享受购物的乐趣。

卫城
(Acropolis)

MUST-VISIT 必游之地 PLACES

搭乘 2 号地铁在 Akropoli 站下车后，步行约 3 分钟可达位于新卫城博物馆旁的南侧（狄俄尼索斯酒神剧场）入口

210-9238175

夏季 8:00-18:00，冬季 8:30-15:00；元旦、圣诞节等重大节日公休，此外部分国定假日开放时间略有不同，详情请上官方网站查询

雅典遗迹套票全票 12 欧元、优惠票 6 欧元（含古市场、罗马市场、卫城南北坡、奥林匹亚宙斯神殿等）

www.acropolisofathens.gr 或 odysseus.culture.gr

在希腊语中，“Akro”指的是高地，“Polis”则是城邦。卫城意指位于高地的城邦，在希腊境内有多座“Akropolis”，但以雅典市区的这座卫城最负盛名，也是希腊古文明的最佳见证。

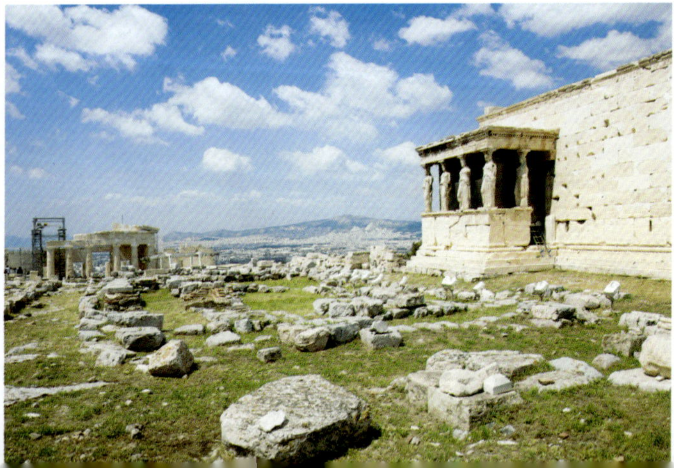

公元前 5 世纪，雅典居民为了祭祀雅典娜女神，在市区的这座山丘上兴建神庙，是卫城雏形，但当时希腊与波斯之间战争频繁，神庙完工后不久就被波斯军队占领并烧毁。后来波斯军队又在其他战役中战败，退出希腊。此后雅典的执政官伯里克利（Perikles）积极推行民主体制，并大力推广文化、艺术活动，将雅典文明带向最鼎盛的时期，也在此时着手于卫城的重建工程。

卫城的角色，除了是祭祀的圣地，也是政治与公共场所、防御要塞，在这处海拔 70 米高的山头上，耸立着一座座以大理石打造的雄伟建筑，而每座建筑的细部更是充分展现精湛的建筑工艺，堪称古希腊建筑的经典之作。

伯莱门 Beulé Gate

两旁林立着塔楼，伯莱门属于公元 3 世纪时罗马帝国统治下兴建的要塞一部分，以 1852 年时发现这道门的法国考古学家伯莱（Emile Beulé）命名。

山门 Propylaia

这座兴建于公元前 437—公元前 432 年间的大门，是卫城的主要入口，出自建筑师摩涅斯克勒斯（Mnesikles）之手，中央可以看到粗重、样式简单的多立克式圆柱，左右两翼的建筑物则采用细而精致的爱奥尼亚式圆柱，这种刚柔并济的建筑形式是雅典卫城的特征，对日后许多希腊建筑都产生了影响。

山门北侧的建筑为画廊（Pinakotheke），从前用来存放朝圣者捐献的绘画、财宝等。至于面对山门、位于山门左前方的粗柱般庞大底座，最初耸立着帕加马（Pergamon）国王欧迈尼斯二世（Eumenes Ⅱ）的青铜马车，以纪念他在公元前 178 年泛雅典（Panathenaia）战役中获胜，后被奥古斯都大帝的连襟阿格里帕的雕像所取代。

帕尔特农神庙 Parthenon

帕尔特农神庙更是许多现代建筑的完美典范，大英博物馆就是效仿它的形式结构建造而成。这座祭祀雅典守护神雅典娜的神庙，象征整个雅典的荣耀与权力。从公元前 447 年开始建造，花了 11 年才完成，长 70 米、宽 31 米、高 10 米，结合气势宏伟的多立克式圆柱与柔和细致的爱奥尼亚式圆柱，在当时重视数学和逻辑的文化风气下，以最精密的计算完成建筑设计，因此在视觉上永远保持着力与美的平衡，这是它最吸引人之处。

神殿内部中央原有一座雅典娜神像，高达 12 米，以象牙打造，装饰着金光闪闪的战袍与头冠，是当时的雕刻名家菲狄亚斯（Pheidias）的作品，但在拜占庭时期毁于大火，想一窥其貌，国家考古博物馆里收藏有缩小版的仿制品。

雅典历经希腊东正教、天主教以及奥斯曼土耳其帝国等政权统治，使得帕尔特农神庙也多次转换身份，甚至一度被当成清真寺和弹药库使用。如今神殿虽只剩大致结构，仍有许多可观的细部，像是山墙上的雕刻，描绘了雅典娜诞生的神话，而四周的间壁则是表现了特洛伊战争等故事。

厄瑞克忒翁神庙 Erechtheion

位于卫城东北侧的厄瑞克忒翁神庙，兴建于公元前421—公元前415年间，时值伯罗奔尼撒战争短暂的停战时期。由于地势高低起伏不定，这座建筑因而形成了独特的结构，厄瑞克忒翁神庙的东西两侧分别献给雅典娜和海神波塞冬，此外，还曾经装饰着宙斯的雷电和波塞冬的三叉戟等神圣标志。

整座神庙最引人注目的当属西侧转角的少女门廊（Porch of the Maidens），6尊被称为Caryarids的少女像石柱，站在高约1.8米的墩座上，支撑着这道优雅的门廊，它们可能出自阿尔卡姆内斯（Alkamenes）本人和阿戈拉克里图斯（Agorakritos）的徒弟之手，不过今日作为建筑梁柱的石像只是仿制品，真正的遗迹保存在新卫城博物馆里，其中有一个存放在大英博物馆。厄瑞克忒翁神庙在早期天主教统治时期一度部分改建为教堂和皇宫，在奥斯曼土耳其时代更曾被当成苏丹的后宫，也因此使它的复原过程更加困难。

狄俄尼索斯酒神剧场 Theatre of Dionysos

在卫城所在的这块神圣岩石下方，分布着古希腊时期最重要的宗教中心之一，其中特别是南坡，几乎可以说是古雅典的文化核心，曾经坐落着狄俄尼索斯和阿斯克勒庇俄斯（Asklepios）两位神祇的宏伟圣殿，其中特别是狄俄尼索斯酒神剧场，代表着希腊最古老的剧场。

狄俄尼索斯酒神剧场的最初历史可追溯至公元前 600 年，当时只有乐队席，至于以泥土填塞的圆形区域则是举行宗教仪式和神祇崇拜的场所，后来逐渐出现几排石椅、以阶梯分隔的座位区、通道和舞台，直到公元前 333 年，观众席才延伸至卫城所在的岩石山麓，甚至扩建成日后共可容纳 15 000 人的大剧场。在希腊神话中，酒神狄俄尼索斯是酒与戏剧之神，所以每年的酒神祭典中，都会在这个半圆形的剧场演出戏剧祭祀酒神，尽管这座剧场保存下来的部分并不多，不过依稀可通过半圆形舞

台后方残存的部分浮雕，以及最前排 67 张篆刻着昔日正式头衔的大理石座位，追忆曾经盛极一时的情景。

希罗得·阿提库斯剧场 Odeon of Herodes Atticus

同样位于南坡的希罗得·阿提库斯剧场，兴建于公元 161 年，是阿提库斯的富豪、演说家兼哲学家希罗得捐赠给雅典市的礼物，用来纪念他于公元 160 年去世的妻子。

这座剧场，半圆形的座位区分为两处水平区域，共可容纳约 5 000 名的观众，不但座位以大理石打造而成，其乐队席还铺设着大理石板，尽管现在看到的大理石座位全部为翻新修建，不过舞台后方高达 28 米的高墙建筑几乎完整地保存了下来，但原本覆盖着希罗得·阿提库斯剧场的木头天花板，于公元 267 年时毁于一场大火。这里是每年夏天的雅典庆典举行音乐会的主要场所。

新卫城博物馆 (New Acropolis Museum/ Νέου Μουσείου Ακρόπολης)

星级推荐

- 15 Dionysiou Areopagitou Street
- 搭乘 2 号地铁在 Akropoli 站下车后，步行约 2 分钟可达
- 210-9000900
- 周二至周日 8:00-20:00，周五延长开放至 22:00，圣周期间开放时间异动详情请上网查询，周一、元旦、3 月 25 日、复活节、劳动节、圣诞节和 12 月 26 日公休
- 全票 5 欧元、优惠票 3 欧元
- www.theacropolismuseum.gr

随着出土文物的日益增多，原本位于卫城内的博物馆已不敷使用，于是 2001 年开始有了新卫城博物馆的规划。2003 年时，新卫城博物馆于卫城南坡靠近狄俄尼索斯酒神剧场旁的空地上破土，一栋崭新现代的玻璃建筑由伯纳德·屈米（Bernard Tschumi）领导的纽约和巴黎建筑事务所，在雅典的建筑师麦克·弗提阿底斯（Michael Photiadis）的辅助下，于 2007 年落成，而后历经约 2 年的筹备与布置，终于在 2009 年 6 月 20 日，这座采用大量自然光、以 3D 立体动线设计的博物馆正式对外开放。

新卫城博物馆拥有将近 14 000 平方米的展览空间，分为下、中、上三部分。位于最下层的部分，为目前仍持续进行考古工程的挖掘区域，一根根廊柱撑起保护，让参观者得以透过地面透明玻璃或半开放的空间，了解考

古人员如何进行古迹出土和修复的作业。中间是高达两层的挑高楼面，里头坐落着多间棋盘状的展览厅，陈列着从古希腊到罗马帝国时期的文物。位于最上层的部分，则呈现规则的方形展场设计，帕尔特农展览厅（The Parthenon Gallery）围绕着一座内部天井，四面展出帕尔特农神庙各面带状装饰的大理石浮雕，游走一圈，不但能近身清楚欣赏上方装饰，更仿佛亲身踏上昔日的帕尔特农神庙一般。此外，该展览厅以大片玻璃采纳自然光，更拥有观赏卫城盘踞山头的绝佳视野。

除了帕尔特农展览厅为新卫城博物馆的特色外，也别错过位于中层的古代展览厅（The Archaic Gallery），位于 1 楼的它收藏了公元前 7 世纪到波斯战争结束（约公元前 480 年）长达约 2 个世纪的雕刻作品，通过一尊尊骑马者（the Hippeis）、女性柱像（the Kore）、雅典娜雕像……得以了解这个城邦从贵族统治迈向民主政治的过程中，经济、艺术以及智力生活的发展。至于原本装饰厄瑞克忒翁神庙的少女像石柱真品，则收藏于 1 楼的西侧区域，少女像将一只脚略往前伸且呈弯曲姿态，以分散原本建筑屋顶的重量，通过近距离接触，至今仍可清晰看见少女衣饰上栩栩如生的皱褶，以及美丽的卷曲长发和发辫。

哈德良图书馆 (Hadrian's Library/ Βιβλιοθήκη του Αδριανού)

Areos St.

搭乘 1 号地铁在 Monastiraki 站下车后，步行约 2 分钟可达

夏季 8:00-18:00、冬季 8:30-15:00，元旦、圣诞节等重大节日公休，此外部分国定假日开放时间略有不同

全票 2 欧元、优惠票 1 欧元；另可使用包含卫城在内的雅典遗迹套票，套票全票 12 欧元、优惠票 6 欧元（含古市场、罗马市场、卫城南北坡、奥林匹亚宙斯神庙等）

公元 132 年时，罗马皇帝哈德良下令，于卫城的北侧兴建了这座延续传统古罗马议事广场建筑风格的图书馆。该建筑仅拥有一道入口，四周环绕着高大的墙壁，内部中庭环绕着柱廊，并于中央点缀着一座水池，水池后方曾耸立着一座建于公元 5 世纪的教堂。虽然这片占地面积不小的建筑被整体称为图书馆，但真正用来存放书卷的仅占一小部分，位于东侧的长方形建筑之内，两旁附属的大厅则当作阅读室使用。

不过公元 267 年时，因为游牧民族赫卢利人（Heruli）的入侵而遭到严重破坏，尽管公元 5 世纪时一度修复，且在拜占庭时期兴建过 3 座教堂，然而如今较完整保存下来的，只剩下依旧耸立着科林斯式圆柱的大门。

罗马市场与风之塔

(Roman Agora & Tower of the Winds/ Ρωμηικη Αγορά, Αέρηδες)

必游之地 MUST-VISIT PLACES

- Pelopida & Eolou St.
- 搭乘 1 号地铁在 Monastiraki 站下车后，步行约 5 分钟可达
- 夏季 8:00-18:00、冬季 8:30-15:00，元旦、圣诞节等重大节日公休，此外部分国定假日开放时间略有不同
- 全票 2 欧元、优惠票 1 欧元；另可使用包含卫城在内的雅典遗迹套票，套票全票 12 欧元、优惠票 6 欧元（含古市场、罗马市场、卫城南北坡、奥林匹亚宙斯神庙等）

距离古市场不远处的罗马市场，又称为恺撒和奥古斯都市场，它和前者之间以一条铺石街道相连接，中央大道可直达雅典卫城。

根据该遗迹西侧的主要入口统治者雅典娜之门（Gate of Athena Archegetis）上的铭文记载，古罗马市场始建于公元前 1 世纪，由一座四周围绕着廊柱的宽广露天庭院构成，这座罗马时期的遗迹最早是市民的集会场所兼市场，东面有商店和次要入口，南面则是一处喷泉，次要入口通往公厕和风之塔。

尽管罗马市场逐渐取代了古市场的功能，成为雅典的商业中心，不过随着时光流逝，如今只剩下部分基座和残柱耸立于黄土上，唯独位于其中的八角形风之塔，保存着完整的结构且塔上雕刻依旧清晰可见。风之塔于公元 1 世纪时由当时著名的天文学家安德罗尼可思（Andronikos of Kyrrhos）设计，不过也有一派学者认为它应该是建于公元前 2 世纪中叶的希腊古迹。该塔名称来自于高塔上方的八位拟人化风神装饰浮雕，高 12 米的建筑结构直径长达 8 米。风之塔外部设有 8 座日晷，内部则有以来自卫城的水带动的水钟，顶部特里同（Triton）像犹如风向标，使它具备方向指标、计时、测量风向等功能于一身。

古市场
(Ancient Agora/Αρχαία Αγορά)

星级推荐

- Thissio Sq & 24 Andrianou St.
- 搭乘 1 号地铁在 Thissio 站下车后，步行约 5 分钟可达
- 210-3210185
- 古市场夏季 8:00-18:00、冬季 8:30-15:00（博物馆周一延后至 11:00 开放），元旦、圣诞节等重大节日公休，此外部分国定假日开放时间略有不同
- 雅典遗迹套票全票 12 欧元、优惠票 6 欧元（含古市场、罗马市场、卫城南北坡、奥林匹亚宙斯神庙等）

古市场是除了卫城之外雅典另一个史前遗迹，也称为古希腊市场。“阿哥拉”（Agora）在希腊文中是“市场”的意思，在古希腊时期，市场除了商业之外还有政治、宗教、文化的功能，市民在市场里购物之余，还会讨论政治、交换新闻时事等，许多著名的哲学家如苏格拉底和柏拉图都曾在此发表演说。

这座位于卫城山脚下的古市场，早在公元前 6 世纪便已发展成形，一座座的公共建筑陆续兴建，包括神庙、公共集会场所、音乐堂等，日后其功能被罗马市场所取代，于是逐渐变成住宅区。如今，因政权更替且年代久远，建筑大多仅存部分残迹。

阿塔洛斯柱廊 Stoa of Attalos

阿塔洛斯柱廊是希腊境内唯一一栋完全复原的建筑，走廊上 45 支多立克式圆柱，加上 22 支爱奥尼亚式圆柱，展现出优雅的古典风格。复原后的阿塔洛斯柱廊，现在是古市场博物馆，馆内收藏遗迹中发现的陶器、雕刻、钱币、剧院门票、面具等，相当有趣，像曾手持象征胜利缎带的屈膝少年香水瓶、曾经装饰阿格里帕音乐堂的海神特里同头像等，都令人印象深刻。

阿格里帕音乐堂和体育场

Odeon of Agrippa & Gymnasium

从今日残存的立面巨人与特里同廊柱，不难想象阿格里帕音乐堂曾经多么宏伟，这座为音乐表演而设计的建筑，以它的捐赠者，同时也是奥古斯都大帝女婿的阿格里帕命名，兴建于公元前 15 年，仿效露天圆形剧场的观众席，约可容纳 1 000 名的观众。

音乐堂的正门位于西侧，北侧另有一座小型的四柱式山门直接通往舞台区，此外，还一度拥有毫无内部支撑的斜屋顶，可惜于公元 150 年左右坍塌。该建筑于公元 267 年时同样因为赫卢利人的入侵而毁于一场大火中，后来再重建成体育场，因为沿用原先装饰音乐厅的巨人和特里同雕像，所以体育场又称为巨人宫（Palace of the Giants）。巨人宫的面积比音乐堂更大，还包括一旁的部分中柱廊和南柱廊，里头坐落着浴池、数间厅房、两座柱廊中庭和花园，可惜如今只剩残存的基座可供后人追忆昔日辉煌，成排的雕像成为它最受人瞩目的部分。

赫菲斯托斯神殿 Temple of Hephaestus

隐藏在 Agoraios Kolonos 山中的赫菲斯托斯神殿，兴建于公元前 449 年左右，建造时间比卫城的帕尔特农神庙要早 2 年，成排的多立克式廊柱基本完好，而建筑上的雕刻也保存得较完整。

这座神殿东西两侧较短，各由 6 根廊柱撑起，较长的南北两侧，则分立 13 根廊柱，其名称来自于神殿内祭祀的锻造之神赫菲斯托斯，跟这一带发达的金属铸造业有关。不过到了公元 7 世纪时，该神殿摇身一变成为希腊东正教体系下献给圣乔治的圣乔治阿卡马特斯教堂（St. George Akamates），直到公元 1834 年希腊独立后，雅典成为该国的正式首都，由第一位国王奥托一世（Otto Ⅰ）下令将赫菲斯托斯神殿作为博物馆和考古古迹。

圆形建筑 Tholos

直径为 18 米的圆形建筑，属于古希腊议会堂的一部分，由各个部落选出的执政官，在议会堂开会，讨论种种议题、决定城邦的各项政策，而这座由客蒙（Cimon）兴建于约公元前 470 年的建筑，是执政官们的餐厅和休息室，如今只剩圆形的墙基可供辨识。

希腊民间乐器博物馆
(Museum of Greek Popular Instruments)

1-3 Diogenous St.
搭乘 1 号地铁在 Monastiraki 站下车后，步行约 7 分钟可达
210-3250198
周二、周四至周日 10:00-14:00，周三 12:00-18:00，周一公休
免费
www.instruments-museum.gr

位于罗马市场附近的民间乐器博物馆，外观看起来并不起眼，但是里头陈列了从 18 世纪至今将近 1 200 种的希腊传统乐器，包括打击乐器、弦乐器和管乐器等，依照种类区分，最精彩的是，每个重点展示柜旁还附有耳机，播放该乐器演奏出的音乐，不但让人从视觉上认识希腊传统乐器，更享受它演奏的临场感。在博物馆地下室会有不定期的传统音乐表演，而后方的店面更是汇集了希腊最好的民族音乐 CD、书籍等，绝对不要错过。

跳蚤市场
(Flea Market Yousouroum)

星级推荐

Ifestou St.
搭乘 1 号地铁在 Monastiraki 站下车后，步行约 2 分钟可达

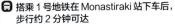

在莫纳斯蒂拉基（Monastiraki）地铁站附近有著名的跳蚤市场街，在路口有一个横联写着“跳蚤市场（Flea Market）”，但事实上真正卖二手用品的跳蚤市场在周末才举行，而且位置在 Ifestou 路末端的 Agiou Filippou 广场上。从一早起，旧货摊就开始在固定的位置上陈列各种二手商品，其中不乏许多样式典雅的古董，是个值得挖宝的地方，但是中午过后就收摊了。

除假日以外，Ifestou 路两边各式各样的商店都是从早开到晚。除了游客之外，雅典当地人也很喜欢来这里逛街，有年轻人喜欢的军用品店、首饰 DIY 材料店、唱片行、乐器行、旧书摊、古董店等，与普拉卡的纪念品店大异其趣，非常值得花半天时间来参观。

美塔波里斯东正教教堂
(Mitropoleos Cathedral/ Καθεδρικός Ναος Ευαγγελισμού)

- Mitropoleos Cathedral
- 搭乘 2、3 号地铁在 Syntagma 站下车后，步行约 5 分钟可达
- 7:00–19:00
- 免费
- 教堂不收门票，但注意不准穿短裤、背心进入

在雅典看惯了各种遗迹之后，对美塔波里斯东正教教堂这样崭新的建筑反而有点儿不习惯。事实上这间被昵称为“Mitropoleos”的教堂并不新，是由奥托国王和阿玛利亚王后（Queen Amalia）于 1842 年奠基兴建，历经 20 年的工程才完工。它是雅典最重要的教堂之一，希腊总统的宣誓就职典礼及种种重要的国家庆典都是在这里举行，不幸的是，许多游行抗议也大多选在这里，所以外壁常常需要整修，也因此给人新颖的错觉。

长 40 米、宽 20 米、高 24 米的美塔波里斯教堂，以来自 72 间拆毁的教堂的大理石为其庞大墙壁的材质，里头长眠着两位于奥斯曼土耳其帝国统治期间殉道的圣人遗骨。此外，内部金碧辉煌的装饰也非常值得参观。

希腊民间艺术博物馆 (Museum of Greek Folk Art/Μουσείο Ελληνικής Λαϊκής Τέχνης)

- 17 Kydathinaion
- 搭乘 2、3 号地铁在 Syntagma 站下车后，步行约 3 分钟可达
- 210-3229031
- 周二至周日 9:00-14:00，周一公休
- 全票 2 欧元、优惠票 1 欧元

希腊民间艺术博物馆共有 4 层展厅，最精彩的部分在 4 楼，收集了希腊全国的民族服饰，全套穿在男女模特儿身上，完全展现出当地的编织、刺绣之美。除了布织品之外，模特儿身上佩戴的金、银饰品雕刻也非常精细，逛完一圈之后，令人惊讶希腊简直是个民族大融合的国家，各地的穿着打扮竟然差异如此之大！想要了解希腊各地的生活特色，绝对不能错过这个展示厅。

3 楼展示的是银器，有各种雕刻精美的生活用具。2 楼是特展的展场，主题常常变换，通常还是以希腊民俗特色的摄影、文物展览为主。1 楼除了有间小小的店铺之外，主要展出的是传统织布与刺绣，这里的收藏品绝对是地毯店里看不到的一流作品，对工艺品有兴趣的人可不要错过这家小小的博物馆。

圣尼古拉俄罗斯东正教教堂 (Agios Nikodimos Church)

- 21 Filellinon
- 搭乘 2、3 号地铁在 Syntagma 站下车后，步行约 5 分钟可达
- 周一至周五 8:00-12:00，周六 8:00-11:30、17:00-20:00，周日 7:00-11:30
- 免费

11 世纪时，雅典进入繁荣时期，境内拥有多达 10 位主教和约 140 间教堂，而这座今日名为圣尼古拉俄罗斯东正教教堂的十字圆顶教堂正是其一，落成于 1045 年，洋溢着拜占庭建筑风格。

18 世纪初受到一场大地震的波及，1780 年时又遭到土耳其人的破坏，终于令这座曾是雅典境内最大的教堂遭到弃置。1845 年时，俄国沙皇将其买下，并由画家路德维格（Ludwig Thiersch）重新装饰内部，在将它重新献给圣尼古拉之后，就成为一座俄罗斯东正教教堂。教堂内部相当漂亮，经常可见信徒诚心祷告，教堂外还有一座装饰着马蹄拱的钟楼，楼内依旧保存着沙皇亚历山大二世所捐赠的大钟。

宪法广场 (Syntagma Square/ Πλατεία Συντάγματος)

星级推荐

搭乘 2、3 号地铁在 Syntagma 站下车后出站即达

"Syntagma"是宪法的意思，1843 年，希腊最初的宪法在此颁布，因而得名。此处是雅典最重要的地标，往来机场、港口的交通都是从这里出发，地铁的红线、蓝线在此交会，堪称雅典市区的交通枢纽。此外，宪法广场也是当地居民的重要休闲空间，大理石地板铺成的广场上，散置着许多长椅，常有民众在此散步、休憩，广场也不定期有装置艺术在此展出。

议会大厦 (Parliament Building/ Βουλή των Ελλήνων)

MUST-VISIT 必游之地 PLACES

Leoforos Vasilissis Sofias
搭乘 2、3 号地铁在 Syntagma 站下车后，步行约 1 分钟可达
210-8707000
议会大厦不对外开放

和宪法广场隔着阿马利斯（Amalias）大道对望的宏伟建筑，就是希腊的议会大厦，楼高 3 层的它为新古典主义风格，多利克式柱耸立于前、后立面，更增添该建筑对称的线条。兴建于 1836—1840 年间，来自巴伐利亚的建筑师弗里德里希·冯·格尔特纳（Friedrich von Gärtner）替希腊第一位国王奥托一世设计了这座王宫，尽管后来国王夫妇搬到了新王宫居住，不过直到 1924 年公投决意取消君主政治后，王室成员才完全搬离此处。而在 1929 年决定将它当成议会大楼使用前，这里还曾一度作为医院和博物馆使用。

无名战士纪念碑 (Tomb of the Unknown Soldier/ Μνημείο του Αγνώστου Στρατιώτη)

必游之地 MUST-VISIT PLACES

议会大厦前方

搭乘 2、3 号地铁在 Syntagma 站下车后，步行约 1 分钟可达

无名战士纪念碑前每整点举行一次卫兵交接仪式，其中又以周日 10:50 的那场规模最为盛大

在议会大厦前方，有一座巨大的横向石碑，远看犹如镶嵌于建筑立面上，正是宪法广场周边最热门的景点——无名战士纪念碑。希腊在独立的过程中备尝艰辛，历经土耳其人长达将近 4 世纪的统治，在多次的战役中许多牺牲的战士至今依旧无法确认其遗骸，而为了纪念他们对于国家的奉献与牺牲，希腊政府特别在 1929 年时修建了该纪念碑。纪念碑上刻画着多位横躺在地的士兵浮雕，两旁写下古希腊历史学家的名言，碑前由两名身着希腊传统服饰（Evzones）的总统侍卫看守。其中，无名战士之墓的卫兵交接仪式，是雅典最吸引人的参观活动，每 30 分钟左右交换位置，每小时轮换卫兵，最精彩的是在周日上午 10:50 的大规模交接仪式，总挤满欣赏的人潮。

国家公园 (National Gardens/ Εθνικός Κήπος)

星级推荐

- Amalias 1，Athens 10557
- 搭乘 2、3 号地铁在 Syntagma 站下车后，步行约 3 分钟可达
- 7:00 到日落前半小时
- 免费

在议会大厦后方，有一片苍翠绿地，这里是国家公园，也是雅典市区里少有的休憩绿地。19 世纪时，奥托国王与阿玛利亚王后眼见雅典因城市开发，树林已被砍伐殆尽，因此萌生建造公园的想法。

原本阿玛利亚王后打算引进外国树种，将这里打造成一座稀有植物花园，但这些国外的树种因为气候差异而无法存活，最后还是种植了许多希腊本土植物。目前国家公园内的植物种类相当多样，希腊本土的植物就有百余种，外来的也有 400 多种。园内还有小池塘、小型动物园，每到下午，常有当地居民带着小朋友到这里游玩休憩。

另外，在国家公园南边出口有一栋引人注目的半圆形新古典主义建筑——扎帕斯展览馆（Zappeion），出自丹麦设计师汉森（Hansen）之手，由捐赠者埃万杰洛斯·扎帕斯（Evangelos Zappas）兄弟资助兴建的它，昔日是希腊国家广播电台总部，如今则被当作国际展览馆使用，经常举办各种活动。

哈德良拱门
(Hadrian's Arch/Αψίδα του Αδριανού)

- Amalias 路上
- 搭乘 2 号地铁在 Akropoli 站下车后，步行约 4 分钟可达
- 24 小时
- 免费

由宪法广场沿着阿马利斯路南行，就能见到这座醒目的拱门。2 世纪时，罗马皇帝哈德良在这里建立起高约 18 米、宽约 14 米的拱门。这座半圆形的大理石拱门，以科林斯圆柱支撑，大门上层同样以科林斯圆柱架构出 3 个门洞，造型优雅并且气势十足。

这座拱门的建立，是为了纪念哈德良对雅典建设所做的贡献，也用以区隔雅典的新旧城区。旧城指的是拱门西侧、卫城及其山脚下的聚落，而新城则位于拱门东面。城门西面刻有“此为雅典古城，宙斯之都”，东面则有“此为哈德良之城，不是宙斯之都”的字样。

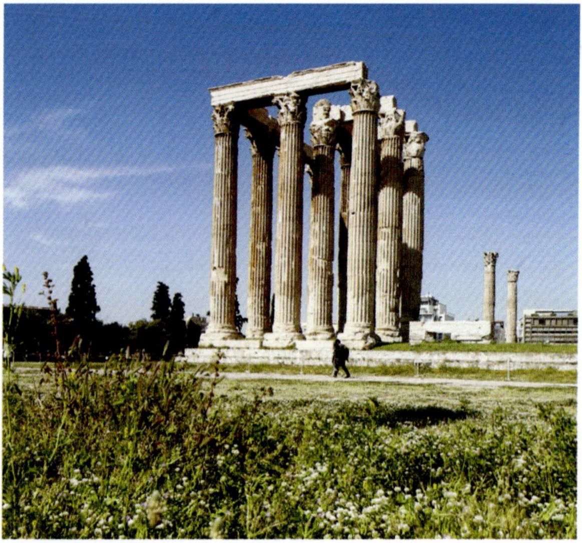

奥林匹亚宙斯神庙

(Temple of The Olympian Zeus/Ναὸς τοῦ Ὀλυμπίου Διός)

MUST-VISIT PLACES 必游之地

- Vassilisis Olgas St.
- 搭乘 2 号地铁在 Akropoli 站下车后，步行约 6 分钟可达
- 210-9226330
- 夏季 8:00–18:00、冬季 8:30–15:00，元旦、圣诞节等重大节日公休，此外部分国定假日开放时间略有不同
- 雅典遗迹套票全票 12 欧元、优惠票 6 欧元（含卫城、古市场、罗马市场、卫城南北坡等）

与邻近的哈德良拱门一样，这座奥林匹亚宙斯神庙同样是在 2 世纪时完成于哈德良统治下。早在公元前 6 世纪，雅典统治者（Pesistratos）就着手兴建一座神殿，献给主神宙斯，在他的计划中，这个修建工程非常浩大，但随政权更替移转，神庙工程一再中断，延宕了 600 多年，终于由哈德良在公元 131 年时完成。

由 104 根高 107 米、直径 1.7 米的科林斯式圆柱所构成的奥林匹亚宙斯神庙，是全希腊规模最大的神庙，原本殿内还有一尊哈德良贡献的宙斯神像，由象牙、黄金所制，价值非凡，也突显出这座神庙的地位。

经过 1 000 多年，现在的神庙虽仅存 15 根圆柱，但仍能想见昔日的慑人气势。一旁还有一处长方形的建筑地基，是从前哈德良的浴池所在。

帕纳西奈科体育场 (Panathenean Stadium/ Παναθηναϊκό Στάδιο)

必游之地 MUST-VISIT PLACES

- Ardettos Hill
- 搭乘2、3号地铁在Syntagma站下车后，步行约10分钟可达
- 8:00–19:00
- 成人3欧元，儿童1.5欧元

帕纳西奈科体育场最初的历史可追溯到公元前331年，它在历史上最有意义的一刻，就是1896年时成为第一次近代奥林匹克运动会的举办场所，之后每4年一次在世界各城市举办。古代奥林匹克运动的精神、竞争的荣耀感在人类历史上又展开了新生命。

这座竞技场最近一次受到瞩目，是2004年奥林匹克运动会再度回归雅典。为此重新整修过后的体育场里，长椭圆形的场地修筑得非常整齐，而斜坡上的大理石座位更呈现崭新的乳白光泽。站在场地中央，可以感受运动会的盛况，入口处还有奥林匹克运动会的纪念碑，许多游客会在此合影留念。

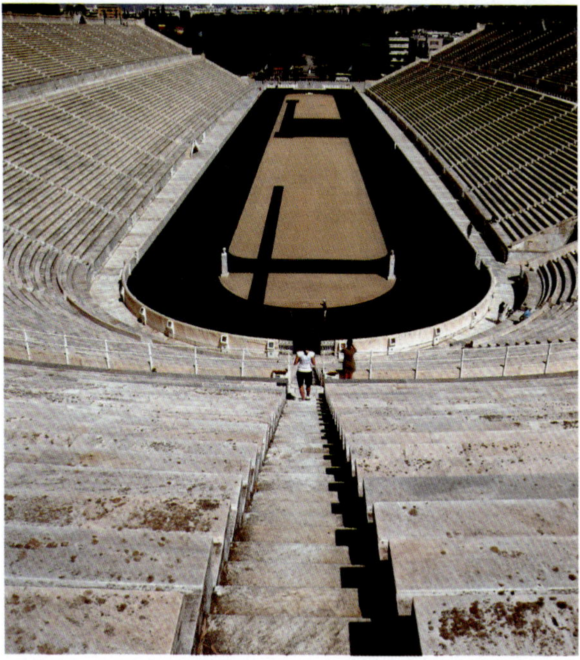

奥莫尼亚广场周边

奥莫尼亚广场（Plateia Omonoias，简称为 Omonia）位于普拉卡的北边，游客认为呈圆环状的它与宪法广场是雅典当地的两大地标。与宪法广场不同的是，奥莫尼亚广场一带是雅典热闹的商业区，百货公司、电影院、欧洲品牌商店都聚集于此，如果想体验现代、流行的雅典，绝对不能错过此区。而这里也是当地的平民区，因此附近坐落着多家咖啡馆和平价旅馆，是当地人日常生活的区域。不过入夜后，该区治安较差，因此建议游客天黑后应尽量避免前往。

国家考古博物馆

(National Archaeological Museum/ Εθνικό Αρχαιολογικό Μουσείο)

必游之地 MUST-VISIT PLACES

- 44 Patission Street
- 搭乘 1、2 号地铁在 Omonia 站下车后，步行约 10 分钟可达
- 210-8217724
- 周一 13:30-20:00，周二至周日 8:30-15:00，元旦、圣诞节等部分重大国定假日公休
- 全票 7 欧元、优惠票 3 欧元
- www.namuseum.gr

位于雅典的国家考古博物馆，收藏了希腊所有古代遗迹的精华，是认识希腊古文明最生动的教材。特别是史前文明展览厅中，展示着自迈锡尼遗址中挖掘出土的各种宝藏，为希腊史前历史描绘出鲜明的轮廓。而爱琴海上最重要的史前文明——基克拉泽文明（Cycladic Civilization），也在馆内完整呈现。整个希腊文明的演替，都反映在人像雕刻的形式风格上，沿参观方向前进，可以看到数千年历史演进的痕迹。

博物馆中主要分为史前（Prehistoric Antiquites）、雕刻（Sculpture）、金属制品（Metalwork）、花瓶与小艺术品（Vases and Minor Arts）、古埃及文物（Egyptian Antiquities）和古塞浦路斯文物（Cypriotic Antiquieies）共 6 大类，之后再依不同时代、地区或文明细分为更小的展览厅。

面对雅典国家考古博物馆正门展示的是史前文物，分成展示希腊本土各地陶器的新石器时代（公元前6800—公元前3000年）展览厅，陈列爱琴海诸岛等地发现的各种陶器、大理石雕像等的基克拉泽文明（公元前2000—公元前1000年）展览厅，以及展示从伯罗奔尼撒半岛挖掘出土的黄金制品、青铜器、象牙雕刻等的迈锡尼时期（公元前1600—公元前1100年）展览厅。

雕像展览厅于史前文物展览厅旁环绕成圈，从中可以看出希腊人对于人体比例、美感的认识过程，从最早受到埃及文明的影响到后来罗马时期的作品，无论在形式、内容和题材上，都反映出希腊历史社会的演进。另外，比较有趣的铜器收藏室、埃及文物展览厅以及首饰收藏，虽然面积不大，但展出的物品都非常精致，在参观完宏伟的雕像陈列室之后，可以换个心情欣赏这些小而美的作品。

至于位于2楼的锡拉（Thira）文明（公元前1600年）展览厅，同属史前时代文物，主要展出从圣托里尼岛南边出土的阿科罗蒂里古城遗迹、色彩鲜艳的壁画，有助于现代人了解当地的史前生活形态。从这些史前文物当

中，可以感受到不同于其他古希腊文明的绚烂，充满幻想、神话，同时又因为融合其他文明的色彩而显得多彩多姿，是整个博物馆中最让人印象深刻的部分。

新石器时代展览厅

从挖掘出的各种器皿、工具当中可以得知，此时期的古希腊人已经从游牧生活慢慢进入农耕的生活形态，许多农业技术有所改进，同时也发展出驯养动物的方法，此外人们还拥有了固定的居所。这里展出的大部分是陶器，而陶器上的绘画多为几何图案或波形纹，还没有具体的叙事图案，颜色也大多是以红、黑为主。人像有的以陶土捏塑，有的则是以大理石雕刻而成，所表现的对象大部分为女性。

基克拉泽文明展览厅

此展览厅展示的是从爱琴海上的基克拉泽斯群岛上挖掘出土的雕像、青铜器、陶器等，其年代推断为公元前 3000 年左右，挖掘者克利斯多·特松塔斯（Christos Tsountas）将它们通称为基克拉泽文明。

这些从坟墓、住宅遗迹中挖掘出来的古物，展示出各种生活状态，可以大胆推断在青铜时代，爱琴海区域、基克拉泽斯群岛上曾经发展出海洋文明，当时的居民擅长渔猎、造船、航海以及金属工艺等。他们不但拥有高明的雕刻技术可以切割、磨平坚硬的大理石，同时，铸造各种功能的青铜工具、武器的技术也非常发达，更令人印象深刻的是，从一些生动的雕像上得知，基克拉泽文明时期已经发展出各种乐器！

迈锡尼时期展览厅

迈锡尼时期展览厅的藏品，大部分是从迈锡尼城遗迹和墓穴中挖掘出土的宝藏。宽敞的展览室里，展示着金面具、金指环、金杯、装饰黄金图案的青铜匕首、牛头、狮子头造型的酒器、王冠以及各种用黄金打造的饰品，除此之外，还有象牙雕刻、陶器、泥塑像等。在公元前 1600—1200 年之间，在伯罗奔尼撒半岛上发展出来的迈锡尼文明，已拥有高超的工艺技术、完整的社会组织、发达的商业等。

然而最重要的是，一些类似克里特岛上的图案、造型以及死者脸上覆盖金面具的仪式（来自埃及），证明迈锡尼文明不局限于伯罗奔尼撒半岛，它与爱琴海一带甚至埃及都有文化上的交流，这也说明了迈锡尼文明时期，希腊人已拥有高水平的航海技术。

锡拉文明展览厅

锡拉文明展览厅中陈列着色彩非常鲜艳的壁画，以及描绘精细图案的陶器，这些都是在圣托里尼岛南边挖掘出土的阿科罗蒂里古城中发现的遗物，证实史前时代爱琴海上除了克里特岛上的米诺斯文明之外，圣托里尼岛还有一个经济活动发达、生活富足的锡拉文明。

相传，消失的亚特兰蒂斯就是这座被火山灰掩盖灭顶的阿科罗蒂里古城，如果传说属实，那么各个壁画里所显示的生活形态，就是小说家所描绘的理想国。

古朴时期雕刻

本区展示着公元前7世纪至公元前480年（也就是希腊人与波斯帝国发生波希战争之前）的古朴时期（Archaic）雕像，最大的特征在于雕像强调左右对称，形式深受埃及雕刻美学影响。

海神厅

海神厅得名于厅内展示的一座海神波塞冬的雕像，这座雕像是1928年从阿提米席翁（Cape Artemision）海岬附近的海底捞起，沉没原因至今仍是一个谜，推测可能是被搬运至国外的途中发生船难，而让雕像沉入海中。

古典时期展览厅

大多数是公元前5世纪至公元330年的作品，这是雕刻技术突飞猛进的一个时期，可以看到雅典守护神雅典娜穿着战袍的英勇身姿，还可以看到各种表现神话故事、人与神之间的交流、人间与神界战争的浮雕等。

狄阿多美诺斯展览厅

这间展览厅因为展示了一座罗马时期完成的男子雕像狄阿多美诺斯像（Diadoumenos）而得名，这座雕像被当时的人认为是男子最理想的体态。

青铜器展示厅

这个区域展示了丰富的希腊古代青铜器收藏，其数量之多，其他博物馆无法相提并论，除了几件大型铜像外，大部分是收藏在玻璃柜里小巧的装饰品或生活用具，收集地点从伯罗奔尼撒半岛、雅典到克里特岛都有，其中有许多是雅典和伯罗奔尼撒半岛上青铜铸造商店生产的复制品，其中最有趣的是一个拥有巨大男性生殖器官的妖精萨堤尔（Satyr）及宙斯像迷你版，样式生动活泼，非常值得一看。

陶器展示厅

该区以红、黑、白等颜料彩绘的陶器为主，展现希腊人的生活形态，叙述渔猎、战争和各种神话故事，不但是一种艺术品的鉴赏，更可以借绘画了解希腊的神话与历史。

雅典科学院·雅典大学·国家图书馆

(The Academy of Athens, The University of Athens & National Library)

必游之地 MUST-VISIT PLACES

- 28 ~ 32 Panepistimiou Avenue
- 搭乘 2 号地铁在 Panepistimiou 站下车后，步行约 1 分钟可达
- 雅典科学院 210-3364700，国家图书馆 210-3382601
- 国家图书馆周一至周四 9:00-20:00，周五和周六 9:00-14:00，周日公休
- 免费
- 雅典科学院 www.academyofathens.gr，雅典大学 www.uoa.gr，国家图书馆 www.nlg.gr

雅典科学院、雅典大学、国家图书馆三栋建筑相邻而立，面对着前方的帕尼匹斯提米奥（Panepistimiou）大道，它们是来自丹麦的建筑师汉森兄弟（Theophil Hansen）设计的建筑三部曲，规划于 19 世纪中叶，当时正值欧洲兴起新古典主义风格的时代，因此模仿希腊古典时期的建筑，大量采用柱子、走廊等形式，加上栩栩如生的雕像，展现了古希腊的典雅风格。

尽管是“三胞胎”，但其中又以雅典科学院的建筑最为精彩，模仿雅典卫城神殿的它，以爱奥尼亚式列柱撑起主体建筑，山墙上装饰着希腊神话中雅典娜诞生故事的浮雕，屋前两根高柱分别耸立雅典娜与阿波罗的雕像，显得气势宏伟，至于入口两侧的阶梯，则端坐着古希腊哲学家苏格拉底和柏拉图，雅典科学院是目前希腊最高的研究学府之一。相较之下，以多立克式柱为主的国家图书馆与雅典大学则显得素朴稳重许多，国家图书馆的设计灵感来自古市场的赫菲斯托斯神殿，如今藏书多达 70 万册，其中包括 4 500 本非常珍贵的希腊文手抄本。至于创立于 1837 年的雅典大学，则是东南欧最古老的大学，如今是希腊境内的第二大学府。

雅典市立博物馆

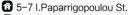

(Museum of the City of Athens-Vouros-Eutaxias Foundation)

星级推荐

- 5-7 I.Paparrigopoulou St.
- 搭乘 2 号地铁在 Panepistimiou 站下车后，步行约 3 分钟可达
- 210-3231397
- 周一、周三至周五 9:00-16:00，周末 10:00-15:00，周二公休
- 全票 3 欧元、优惠票 2 欧元
- www.athenscitymuseum.gr

和国家博物馆的前身一样，雅典市立博物馆也一度是希腊首位近代国王奥托一世和阿玛利亚（Amalia）王后的临时王宫，这对王室夫妇于 1837—1843 年间居住于此，也因此在博物馆的 1 楼中，有部分空间展出他们的私人物品，和王后的钢琴以及迷你会客室等，让后人得以追忆当时那段从立宪、收复失土到流亡，浪漫又壮烈的历史。

雅典市立博物馆开幕于 1980 年，该项目的推动者是曾任国会议员的兰布罗斯（Lambros Eutaxias），兰布罗斯年轻时求学于雅典、维也纳和巴黎等地，身为欧洲艺术爱好者的他，是一位大名鼎鼎的收藏家，尤其热爱搜集所有与雅典相关的事物，于是在 1973 年他将自己和叔叔沃洛斯（Alexandros Vouros）的收藏整合，成为今日雅典市立博物馆中陈列的展览品。该博物馆中收藏着多幅精彩的 19 世纪水彩画，除此之外最引人注目的，还包括一座展示雅典 1842 年时模样的模型，丰富的细节勾勒出这座昔日小镇当时的面貌。

国家历史博物馆 (National Historical Museum/ Εθνικό Ιστορικό Μουσείο)

星级推荐

13 Stadious St.

搭乘2、3号地铁在Syntagma站下车后，步行约3分钟可达

210-3237617

周二至周日9:00-14:00，周一公休

3欧元，周日免费

www.nhmuseum.gr

昔日的议会大厦，在1960年时成了国家历史博物馆的新家。事实上，在1858年阿玛利亚王后为这栋宏伟的新古典主义建筑奠定基石以前，这里一直是权贵和富豪的产业，甚至在1833年雅典成为希腊首都时，国王奥托一世在王宫落成以前，一度将此地当成他的临时王宫，可惜之前的建筑在1854年于一场大火中付之一炬。

今日的建筑出自法国设计师弗朗索瓦·布朗格（François Boulanger）之手，后来一度因为资金缺乏而停工，在希腊建筑师帕纳吉奥蒂斯·科洛斯（Panagiotis Kalkos）的接手下，落成于1871年。建筑围绕着一座小广场，广场中央耸立着希腊独立战争中的英雄人物塞奥多罗斯·科洛科特罗尼斯（Theodoros Kolokotronis）的青铜塑像，点出了国家历史博物馆最精彩的收藏。大量与希腊独立战争相关的展览品，包括绘画、武器、旗帜、文件等，清楚展现出希腊人曾经付出的血泪，除此之外，还有和奥斯曼土耳其帝国从崛起至衰亡、第二次世界大战等相关的历史文物。

中央市场
(Central Market/Αγορά)

星级推荐

搭乘 1、2 号地铁在 Omonia 站下车后，步行约 5 分钟可达

周一至周六 6:00-17:00

雅典有两个市场非常有名，一个是位在普拉卡区附近的跳蚤市场，去购物的人中游客与当地人各占一半，另一个就是在奥莫尼亚广场附近、阿提那斯路（Athinas）上的现代阿哥拉大市场，号称“雅典的厨房”。这个市场分成两个部分，位于大型建筑里的多是贩售肉类、海鲜的摊贩，至于蔬果、乳酪、橄榄等食品摊，则是在阿提那斯路对面的露天市场里。每天从清晨起，大市场里就挤满买菜的雅典人，认真地讨价还价，为一天三餐打点，直到中午人潮慢慢退去，过了 12 点以后，大部分摊贩纷纷打烊。这一带环境较杂乱，游客不多，但是充满雅典人真实的生活趣味。

科洛纳基广场周边

科洛纳基（Kolonaki）位于雅典市中心东面，以科洛纳基广场（Plateia Kolonaki）为中心。这里有雅典最时髦的购物区，林立着优雅的咖啡馆、设计师名店和高级服饰店，特别是从宪法广场延伸至此的珠宝街（Voukourestíou），更让人感受到此高级住宅区截然不同的风情。

除了奢华的购物气氛外，此区还坐落着多栋新古典主义风格的豪宅，它们如今多为各国领事馆或博物馆，其中特别是位于广场南边的索菲亚王后大街，仅这一带就有贝纳基博物馆、基克拉迪克工艺博物馆等。

利卡维托斯山 (Lykavittos Hill/Λυκαβηττός)

MUST-VISIT 必游之地 PLACES

搭乘 3 号地铁在 Evangelismos 站下车后，步行约 15 分钟可达缆车站。由此可步行约 20 分钟上山，或是搭乘 2 分钟的缆车直达山顶

● **缆车**

9:00-3:00，每 30 分钟一班

单程 3.5 欧元，往返 7 欧元

缆车时刻视季节不同而可能调整，有时 11 月至次年 4 月间不营运，最好先确认往返时间

突出于一片白色房舍之上，利卡维托斯山和卫城这两座醒目的地标彼此相对，形成雅典著名的景观。海拔 273 米的利卡维托斯山，是雅典最高的地标，山丘底部环种着绿意盎然的松树，顶端则像一块巨大而尖锐的锥状岩石。关于它的传说众说纷纭，不过根据希腊神话记载，它是雅典娜从科林特斯湾上的小岛帕列涅（Pallene）搬来的一座山。由于当时雅典娜忙于建造卫城，因此将放在箱子中养育的丑陋弃儿埃里克特翁尼亚斯（Erichthonius），托付给雅典国王刻克洛普斯（Cecrops）的三

个女儿照顾，不料潘露辛斯（Pandrosus）在姊妹的怂恿下出于好奇打开了箱子，不但解除了埃里克特翁尼亚斯拥有不死之躯的魔法，三姊妹也因而发了疯。听到这个消息，雅典娜手中的大岩石滑落，也就成了今日的利卡维托斯山。

利卡维托斯山拥有非常动人的景致，天气晴朗时，辽阔的视野可以一直延伸到位于雅典西南方约 10 千米处的比雷埃夫斯港，黄昏时更是它最热闹的时刻，除游客外，许多雅典的上班族也前来享受夕阳和万家灯火的景观，也因此附近分布了多家高级餐厅和咖啡馆。除此之外，山顶上还坐落着一栋纯白的教堂（Chapel of áyios Yeóryios）以及露天剧场利卡维多斯剧场（Lycabettus Theatre），教堂在艳阳的照射下，闪耀着令人难以直视的白色光芒，这里同时也是一处极佳的观景台。至于位于东面较低处的利卡维多斯剧场，则是每年 5—10 月间雅典举办露天音乐会的主要场所。

贝纳基博物馆 (Benaki Museum/ Μουσείο Μπενάκη)

- 1 Koumbari St. & Vas. Sofias Ave.
- 搭乘3号地铁在 Evangelismos 站下车后，步行约7分钟可达
- 210-3671000
- 周一、周三、周五和周六 9:00-17:00，周四 9:00-24:00，周日 9:00-15:00，周二、劳工节、圣诞节、元旦等重大国定假日公休
- 6欧元，周四免费
- www.benaki.gr

这座位于外国使馆区的新古典式样建筑，是希腊数一数二的私人博物馆。博物馆的创办人安东尼·贝纳基（Antonis Benakis），1873年出生于埃及的亚历山大港，他是一位棉花商人，在经商致富后，便将心力投注于艺术品的收藏。他在1926年定居雅典后，决定将自己多年来收藏的艺术品捐出，同时也将自家屋宅捐出作为展馆，贝纳基博物馆于是在1931年正式对外开放。

馆内收藏从贝纳基捐献的将近4万件展品增加到如

今的超过 6 万件，范围遍及绘画、珠宝、织品、民俗艺术品等诸多方面，年代则涵盖古希腊时期、罗马时期、拜占庭时期、希腊独立，一直到近代，因此这些展品可以体现希腊的艺术演进。展品以年代区分陈列，楼层越低则年代越久远，其中最具价值的，是古希腊、拜占庭以及后拜占庭时期的珠宝收藏，早期希腊时代的福音书、礼拜仪式中穿着的法衣，拜占庭时期的圣像、手稿，以及 1922 年时从小亚细亚抢救的教堂装饰等，都备受瞩目。另外还有几间展览厅，以奥斯曼土耳其时代保留下来的房屋重建成今日所见的复古房间。

此外，博物馆的纪念品店里有许多仿古艺术品出售，由于相当精致且具希腊历史特色，附近的驻外使节常至此购买，作为致赠宾客的礼品。而在位于顶楼的咖啡馆，则能欣赏到一旁国家公园的美丽风景，因此也相当受到欢迎。

基克拉迪克工艺博物馆
(Kiklades Museum/ Μουσείο Κυκλαδικής Τέχνης)

- 4 Neophytou Douka St.
- 搭乘 3 号地铁在 Evangelismos 站下车后，步行约 5 分钟可达
- 210-7828321
- 周一、周三、周五和周六 10:00-17:00，周四 10:00-20:00，周日 11:00-17:00，周二、元旦、复活节、劳工节和圣诞节等重大国定假日公休
- 全票 7 欧元、优惠票 3.5 欧元
- www.cycladic.gr

基克拉迪克工艺博物馆的成立，起源于醉心古希腊艺术的古兰德里斯（Goulandris）夫妇。从 20 世纪 60 年代开始，他们便着手搜集古董艺术品，其中来自基克拉泽斯群岛的史前文物，特别受到他们的青睐。而随着收藏文物的增加，终于在 1986 年时以博物馆之姿对外开放。

博物馆里最主要的展品，就属基克拉迪克文明的艺术品，孕育于公元前 3200—公元前 2000 年之间，以群岛盛产的大理石为素材，抽象的造型、光滑的刻面，是该时期艺术品的最大特色。馆藏一尊名为“持杯坐俑”（Seated figurine-“the cup-bearer”）的雕像，高约 15.2 米，手拿杯子、身坐石凳，身体微倾、头微后仰，呈现出生动的律动感，令人印象深刻。另外还有多尊双臂交叉的雕像，以简洁的线条、突起的鼻子为共同点。

除此之外，博物里也展出公元前 2000—公元前 400 年间的古希腊艺术品，各种造型与图案装饰的陶器、青铜器，各自呈现希腊文明的演变。

国家美术画廊 (National Gallery/ Εθνική Πινακοθήκη)

星级推荐

- 50 Vassileos Konstantinou
- 搭乘 3 号地铁在 Evangelismos 站下车后，步行约 3 分钟可达
- 210-7235937
- 周一、周三至周六 9:00-15:00，周日 10:00-14:00，周二公休
- 全票 6.5 欧元、优惠票 3 欧元
- www.nationalgallery.gr

国家美术画廊位于希尔顿饭店西侧，简洁的现代建筑，是展示许多著名希腊名家画作的艺术重镇。

1900 年才开始筹设的国家美术画廊，因为许多艺术爱好者将其收藏捐出，使得馆藏日渐丰富，馆藏主要以 14—19 世纪的希腊和欧洲艺术为主，其中又以 19 世纪的希腊绘画为主，尤其像是以独立战争为灵感来源的画家希奥多罗斯·弗里扎基斯（Th. Vryzakis）、有“新希腊绘画之父”之称的基弗鲁斯·莱特阿斯（Nikephoros Lytras）均有作品收藏于国家美术画廊内。

战争博物馆 (War Museum/ Πολεμικό Μουσείο)

- Vassilissis Sophias Av. and Rizari 2
- 搭乘 3 号地铁在 Evangelismos 站下车后，步行约 2 分钟可达
- 210-7235263
- 周二至周六 9:00-14:00，周一和周日、元旦、复活节、劳工节和圣诞节等重大国定假日公休
- 免费
- www.warmuseum.gr

与拜占庭博物馆相邻的战争博物馆，创立于 1975 年 7 月，收藏了希腊从古至今的各种武器，以及与战争相关的文物，通过这些展品可让参观者了解希腊的历史发展。

馆外的空地上放置了几架曾在战争中使用过的战机、大炮等，远远地就吸引了游客的注意力；馆内的空间则依年代划分为数个展览室，从古希腊时期的盔甲武器、亚历山大东征与拜占庭时期的雕作绘画、希腊独立战争与巴尔干战争的图文史料，一直到两次“世界大战”的照片，都在馆内展出，若是军事迷可千万不能错过。

拜占庭博物馆

(Byzantine Museum/ Βυζαντινό και Χριστιανικό Μουσείο)

- 22 Vasilissis Sofias Avenue
- 搭乘 3 号地铁在 Evangelismos 站下车后，步行约 3 分钟可达
- 213-2139572
- 5—10 月周一 13:30-20:00、周二至周日 8:00-20:00；11 月至次年 4 月周二至周日 8:30-15:00，周一、元旦、复活节、劳工节和圣诞节等重大国定假日公休
- 全票 4 欧元、优惠票 2 欧元
- www.byzantinemuseum.gr/en

公元 4 世纪时拜占庭帝国建立，一直到 1453 年奥斯曼土耳其帝国兴起，拜占庭文化深深影响了欧洲的艺术发展，而这座拜占庭博物馆正是一窥其精华的最佳选择。

博物馆坐落于一栋 19 世纪的公爵宅邸内，建筑古典优雅，也曾是当年上流社会的社交场所，现在则是展示拜占庭艺术发展的陈列空间。博物馆主要分为两大部分，以年代区分，第一部分从古代到拜占庭，通过各项文物，可以认识从古希腊到拜占庭这段过渡时期在宗教、生活与艺术上的演变；第二部分则是拜占庭时期，依年代顺序，将众多的圣像、壁画、镶嵌画与宗教用品等分别展示，使参观者更能深刻发现其艺术上的演变，包括描绘手法、用色、所用媒材等，发展变化历历可见。

此外，馆方不定期推出特展，也都是与拜占庭相关的展题，展品大多仍是与基督教相关的艺术创作。

雅典近郊

以雅典为中心向四周扩展，这片包含雅典在内的区域，被称为阿提卡区（Attica/Αττική）。阿提卡是一座朝爱琴海延伸的三角形半岛，四周分别与基塞龙（Kithairon）山脉、科林斯运河、萨罗尼科海湾以及埃维亚岛（Euboea）为邻。打从远古时代开始，它就和当时最伟大的城市——雅典的发展，有着密不可分的关系，而随着不同政权的迁移与统治，也在这块土地上留下了不少值得一探的古迹。

苏尼翁 (Sounion/Σούνιο)

距离雅典市区约 70 千米

从雅典的国家考古学博物馆旁的巴士总站搭乘巴士前往苏尼翁，车程约 2 小时

● 海神殿

9:30 至日落

4 欧元

星级推荐

苏尼翁是最受雅典居民喜爱的休憩场所，也是以夕照闻名的浪漫景点。关于它最早的记载，出现于《荷马史诗·奥德赛》中，不过让世人对它留下深刻印象的，是英国诗人拜伦（Lord Byron）两度造访后，在《希腊岛屿》（*Isles of Greece*）中那段对它的描述，以及他刻在神殿柱子上的签名。

苏尼翁位于阿提卡半岛东南隅，是一座三面环海的海岬，从雅典市区往苏尼翁，沿着海岸线一路前行，所

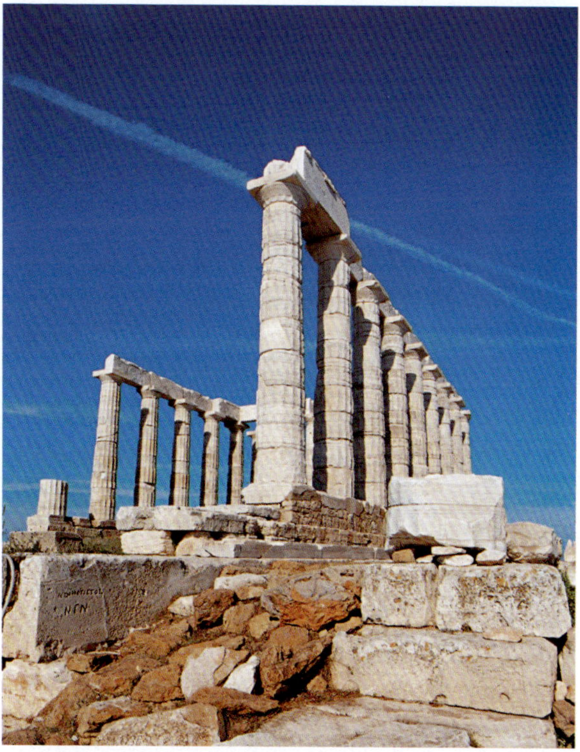

见都是适宜戏水的休闲胜地。尤其是假日，这些海滩上聚满了前来玩水的雅典市民。

苏尼翁的地标，是雄踞于海拔约 60 米高岩丘上的海神殿（Temple of Poseidon）。公元前 5 世纪，雅典市民在这个面海的岬角建起一座神殿献给海神波塞冬，与雅典卫城为同一时期的作品，两者也都是多立克列柱的大理石建筑，原本前后各有 6 根、侧面各 13 根多立克式柱，根据现存遗迹推测，它可能由雅典古市场的建筑师赫法伊特翁（Hephaisteion）设计。

即便建筑并不完整，但由于地理位置居高临下，残缺的神殿衬着碧蓝的海水，这样的景致反而更显浪漫。天气晴朗时，可以远眺附近埃伊纳等岛屿和伯罗奔尼撒半岛东侧，尤其是黄昏时分，更吸引许许多多的游人在这里观看夕阳。不过，如果是搭乘巴士前来，得注意最后一班车的时间。

达夫尼修道院 (Daphni Monastery/ Μονή Δαφνίου)

从雅典 3 号线地铁终点站 Egaleo 外的巴士站，搭乘 A16、845、830 等公车前往达夫尼修道院，在 Psihiatrio 站下车

210-5811558

8:30-15:00

免费

坐落于连接雅典和科林斯的国道旁，隐身于森林中的达夫尼修道院和公路上车水马龙的景象形成强烈对比。今日的达夫尼修道院创立于 1080 年，然而早在 6 世纪时，这里就已经出现过一座献给圣母玛利亚的小型修道院，但因为 7—8 世纪时斯拉夫人入侵，使得该修道院遭到弃置。追溯这片土地更早的历史，4 世纪时，这里还曾经出现过一座阿波罗神殿，而这也是达夫尼之名的由来！

达夫尼在希腊文中的意思是“月桂树”，据说阿波罗因为中了爱神的箭，于是疯狂追求河神的女儿达夫尼，不堪其扰的女方于是要求宙斯将她变成月桂树。

达夫尼修道院在兴建的过程中躲过了多次入侵者破坏与地震的厄运，被修建成为一座十字造型、中央耸立大型圆顶的拜占庭式建筑，1211 年时，来自法国的西斯妥会修士（Cisterican Monks）为修道院的立面，增建了两座法国哥特式的拱门，然而到了土耳其人统治时期，这里成为一处军营，直至 16 世纪才重回希腊东正教的怀抱。

不过命运多舛的达夫尼修道院在 1889 年和 1897 年时历经两次地震的破坏，使其建筑结构大大损毁，尽管在政府的多方抢救下加以巩固和整修，然而 1999 年的另一场地震无疑还是给了它致命的一击，修道院从此关闭进行整修，即使到了今天，仍处于一面维修一面对外开放的模样，至于何时能够完工，似乎仍遥遥无期。

尽管呈现工地般的面貌，但是达夫尼修道院还是值得一去，如今内部有一座小型博物馆展出支柱雕刻与残缺的浮雕装饰，二楼还有一座投影室不断放映内部马赛克镶嵌

修复后重现昔日的面貌。至于修道院本身，必须请管理员开门陪同入内参观，随着鹰架登高，先知、天使、圣母……各个姿态生动且金碧辉煌地重现于观赏者的眼前，位于圆顶中央的全能耶稣则正注视着人世间的子民。

由于拜占庭式的马赛克镶嵌不但耗时且斥资繁重，11 世纪后许多拜占庭教会几乎都不采用马赛克镶嵌，因此成为该风格最晚期代表作的达夫尼修道院，作为希腊幸存的三座拜占庭宗教建筑之一而列入《世界遗产名录》。

住在雅典

斯特拉托斯瓦西利科斯酒店 ★★★★
Stratos Vassilikos Hotel

114 Michalakopoulou St.
210-7706611
www.airotel.gr
www.stratosvassilikos-hotel.com

该酒店地理位置优越，旁边有超市和餐厅，由酒店步行约5分钟，即可抵达巴士站，能搭乘95号巴士前往机场，还可乘3、8号电车前往宪法广场、奥莫尼亚广场和国家考古博物馆等景点，此外由酒店步行约12分钟，也能抵达3号线地铁站。

卫城博物馆酒店 ★★★
Acropolis Museum Hotel

48 Sygrou Avenue
210-9249050
www.acropolismuseum-hotel.com

这家位于新卫城博物馆以南不远处的卫城博物馆酒店，是一家迷你精品酒店，不但前往哈德良拱门与卫城不过几步之遥，前往宪法广场步行也只需10分钟左右。酒店拥有22间风格优雅的客房，以白色墙壁搭配粉橘或金色窗帘和木头家具，给人时髦中不失稳重的印象。酒店提供多项服务，包括餐饮、旅游咨询、24小时客房服务，以及按摩等，让房客尽可能拥有最精致且全面的体验。

涅斐勒酒店 ★★
Hotel Nefeli

16 Iperidou St.
210-3228044
www.hotel-nefeli.com

该店位于普拉卡区的中心，出酒店左转，不到2分钟，便能抵达该区最热闹的购物街与餐厅街，至于当地热门景点卫城和奥林匹亚宙斯神殿，也步行5～7分钟可达，对于到访雅典的游客来说相当方便。

布列塔尼大酒店 ★★★★★
Hotel Grande Bretagne

Syntagma Square
www.grandebretagne.gr

位于宪法广场旁的布列塔尼大酒店，堪称雅典最奢华且最具代表性的酒店，它不但是当地酒店界的龙头，更是一处历史古迹。它的320间客房洋溢着旧时代的优雅氛围，吸引过丘吉尔、伊丽莎白·泰勒等名人下榻。尽管位于车水马龙的宪法广场，却因双层玻璃隔绝了户外的喧嚣，使它坐拥卫城美景之时仍能提供最舒适的环境。

卫城酒店 ★★
Acropolis House

6-8 Kodrou St.
210-3226241
www.acropolishouse.gr

在普拉卡区的狭窄巷弄间，有栋外观呈现浅粉橘色的建筑，就是卫城酒店。酒店为二星级标准，不过布置温馨宜人，且洋溢着家庭般的轻松气氛，因此相当受到游客欢迎。此外，虽然建筑外观保留了早期的模样，内部却增添了不少现代化设备，为了让游客也能消磨些悠闲时光。该酒店还附设了一间小型的图书馆，供下榻者租借与翻阅。此外，如果你是教授、老师或艺术家，可以享受5%的住房优惠。

伊莱克特拉宫殿酒店 ★★★★★
Electra Palace Hotel

18-20 N.Nikodimou St.
210-3370000
www.electrahotels.gr

伊莱克特拉宫殿酒店拥有非常富丽堂皇的外观，共有 102 间标准客房、33 间坐拥卫城美景的景观房、9 间小套房、10 间大套房和 1 间总统套房。客房采用温暖的黄色系为基调，铺着舒适的地毯，所有配备与各大同级酒店相似，并提供笔记本电脑大小的保险箱。餐饮方面除 Motivo 餐厅外，还有一座顶楼花园餐厅 Electra 和英式酒吧 Duck-Tail，其他设施更包括健身房，以及提供按摩水池的户外游泳池与池畔酒吧。

阿多尼斯酒店 ★★
Hotel Adonis

3 Kodrou & Voulis St.
210-3249737
www.hotel-adonis.gr

该酒店于 1975 年开业至今，房间虽然不大，但是干净、明亮，且配备电视、电话、冷气和 Wi-Fi 等设施。此外，因为在位于 5 楼的露台餐厅可以欣赏卫城的风光，所以夏季时非常受到房客的青睐。旅馆内还附设有旅游咨询柜台，甚至可安排租车和旅游行程，非常方便。

阿里斯顿酒店 ★★★
Hotel Ariston

Neofitou Metaxa 35 & Diligianni 50
210-8253111
aristonhotel.athenshotels.it
www.ariston-hotel.info

阿里斯顿酒店地理位置优越，就在拉里西斯火车站的对面、地铁站的旁边，距离大卖场步行不到 5 分钟。该三星级旅馆拥有 35 个房间，虽然空间不大，但是巧妙利用设计发挥出最大的效益。此外由于建筑本身位于转角，使得每个房间都能拥有俯视火车站或广场的阳台。旅馆采用米色系与简约风格，位于一楼的咖啡馆兼酒吧，洋溢着时尚咖啡馆的气氛，给人相当悠闲的感受。

赫耳墨斯酒店 ★★★
Hermes Hotel

19 Apollonos
210-3235514
www.hermeshotel.gr

位于普拉卡靠近宪法广场附近街道里的赫耳墨斯酒店属雅典酒店集团(Athens Hotels Group)一员，以大片玻璃打造的外观，仅写着大大的酒店名称，展现了精品酒店低调简约的精神。酒店有 45 间客房，配备木头地板、浴室、卫星电视、电话、小冰箱、保险箱以及 45 分钟防火门……该店特别重视房客的安全，并提供优质的服务。

圣乔治利卡维多斯酒店
St. George Lycabettus Hotel
★★★★★

2 Kleomenous St.
210-7290711
www.sglycabettus.gr

圣乔治利卡维多斯酒店位于利卡维托斯山山脚下，坐落于豪宅、领事馆聚集的科洛钠基区，拥有非常幽静且遗世独立的环境。这家优雅的五星级饭店共拥有 153 间客房，略高的地势让它得以俯瞰下方白色房舍层层堆叠的美丽风貌，尽览远方高耸于山丘上的卫城宏伟景观，景色之美令人屏息。除了舒适高雅的客房外，饭店还附设 SPA 中心、健身房、露天游泳池和艺廊，提供身心全方位的享受。

吃在雅典

Psara's/Ψαρρά

16 Erehtehos & Erotokritou St.

搭乘地铁 2、3 号线在 Syntagma 站下，后步行约 10 分钟可达

210-3218733

12:00 至次日 1:00

该餐厅位于卫城北侧的阶梯街上，在两条路的交会口。这家历史悠久的餐厅创立于1898年，在当地享有极高的知名度，就连电影《乱世佳人》女主角费雯 · 丽和出演《埃及艳后》的女星伊丽莎白 · 泰勒，都曾经造访，从石砌餐厅内部展示的黑白相片，便能瞧出其辉煌的历史。除室内空间外，户外还有露天座位及花园露台座位，视野相当不错。海鲜是该餐厅的招牌菜，此外像是白酒烤鸡和希腊千层面等传统料理，也相当美味。

Vyzantino/Βυζαντινό

18 Kidathineon St.

搭乘地铁 2、3 号线在 Syntagma 站下，后步行约 10 分钟可达

210-3227368

10:00–24:00

www.vyzantinorestaurant.gr

这家大众餐厅不但拥有室内空间，还有占据一个街区的露天座位，服务人员在路旁热情揽客，餐厅气氛友善热络。餐厅从中午营业至凌晨，一整天不间断提供希腊传统食物，其中最著名的要属鸡肉串烧（souvlaki）和烤章鱼，食物美味价格合理，还推出经济实惠的套餐供游客选择。

Dimokritos/Δημόκριτος

23 Dimokritou

搭乘地铁 2、3 号线在 Syntagma 站下，后步行约 8 分钟可达

210-3613588

午餐 12:30–17:30，晚餐 20:00–24:00

这家位于科洛纳基广场附近的大众餐厅，有着如普通住宅般的低调入口，一旁是教堂和小公园，环境非常清幽，用餐的客人也大多以本地人为主。该店以提供新鲜的传统希腊食物为主，料理烹调多采用健康优质的橄榄油，菜品价格亲民但分量十足。

Chicky's

105 Michalakopoulou St.
搭乘地铁 3 号线在 Megaro Moussikis 站下，后步行约 15 分钟可达
210-7772463
12:00-24:00

这是一家美式风格的汉堡店，室内装潢简单、活泼，大型电视播放着热门体育赛事节目。该店的食物现点现做，除美味多汁的各种汉堡外，也有以吐司为外皮的另类汉堡，还有夹上大量蔬菜的墨西哥卷饼。

Dosirak

33 Voulis St.
搭乘地铁 2、3 号线在 Syntagma 站下，后步行约 5 分钟可达
210-3233330
周一至周六 12:00-24:00，周日公休

餐厅位于宪法广场附近，这家亚洲餐厅提供韩国烤肉、煎饼和石锅拌饭等料理，随主菜附赠多样小菜。另外也有日式烧烤、寿司、生鱼片和天妇罗等食物可供选择。

Cafe Metropol/Μετροπολ

1 Pandrossou St.
搭乘 1 号地铁在 Monastirak 站下车后，步行约 4 分钟可达
210-3211980
7:00 至次日 1:00

位于美塔波里斯东正教教堂前方广场上的这家店，是一家老字号的咖啡馆，创立于 19 世纪 30 年代。摆放在绿荫下的露天座位气氛迷人，可以欣赏广场上嬉闹的孩子、晒太阳的年轻人，以及或午睡或阅读的市民。总汇三明治、希腊沙拉和奶昔，是该店的热门食物，此外也提供著名的希腊酒热茜娜（Retsina）。

Scholarhio/Σχολαρχείο

14 Tripodon St.
搭乘地铁 2、3 号线在 Syntagma 站下，后步行约 10 分钟可达
210-3247605
11:00 至次日 2:00
www.scholarhio.gr

这家传统希腊料理餐厅，从 1935 年开始营业至今，多次获得外国旅游指南的推荐。这栋装饰着盆花与常春藤的绿色建筑，号称提供最传统的希腊家庭料理。该店菜单琳琅满目，每天都供应 18 道希腊特色菜，除了可以单点之外，也可以选择 1 ~ 2 人及多人套餐，费用每人 12 ~ 14 欧元，人数越多则可选择越多菜色。

Thanasis/Θανάσηs

69 Mitropoleos St.
搭乘 1 号地铁在 Monastirak 站下车后，步行约 2 分钟可达
210-3244705
9:00 至次日 2:00

烧烤（Souvlaki）是这家餐厅的招牌，另外土耳其式烤肉（Kebab）也相当受人欢迎，由于是家大众餐厅，虽然没有太多的装潢，却因为合理的价格与美味的食物而吸引众人。另外外带的口袋饼（Pita）每份不到 3 欧元，对于想节省餐费或无暇坐下细细品尝餐点的人来说，无疑是最好的选择。

购在雅典

芙丽芙丽
Folli Follie

- 18 Ermou
- 搭乘地铁 2、3 号线在 Syntagma 站下，后步行约 3 分钟可达
- 210-3230729
- 周一和周四 9:00-15:30，周二、周三、周五 9:00-20:30，周六 9:00-15:00，周日公休
- www.follifollie.com

芙丽芙丽是少数闻名国际的希腊品牌，这个专门设计和生产珠宝饰品与手表的精品品牌，于 1982 年由 Koutsolioutsos 夫妇创立于雅典，并于 1995 年时大举进军国际。以纯银威尼斯琉璃珠宝系列打响名号，之后陆续以色彩缤纷的半宝石和彩钻镶嵌走出自己的特色，如今 Folli Follie 不只经营首饰，更积极开发皮件、太阳眼镜等相关配件。走在雅典街头，经常可见当地人手提 Folli Follie 购物袋，可见该品牌在当地人的日常生活中扮演着重要角色。

伊里亚斯·拉拉奥尼斯珠宝
Ilias Lalaounis

- 6 Panepistimiou St.
- 搭乘地铁 2、3 号线在 Syntagma 站下，后步行约 3 分钟可达
- 210-3611371
- 周一、周三、周六 9:00-17:00，周二、周四、周五 9:00-20:45，周日公休
- www.lalaounis.com

希腊珠宝圈中另一个享誉国际的知名品牌，就是伊里亚斯·拉拉奥尼斯（Ilias Lalaounis）。伊里亚斯·拉拉奥尼斯以个人姓名为品牌，这位出生于普拉卡区珠宝世家的设计师，取材自古希腊雕刻与艺术，将其重现于现代黄金饰品上，致力研究古希腊文化长达 20 多年的他，作品融合古今，其中以传统手编法技巧最受瞩目。拉拉奥尼斯不但在雅典、纽约、巴黎、伦敦等地设有分店，还将他位于普拉卡区的老家改建成博物馆对外开放，想更多了解他作品的人不妨抽空前往欣赏。

橄榄木制品店
Great Olive Wood

- 8 Minisikleous
- 搭乘 1 号地铁在 Monastirak 站下车后，步行约 3 分钟可达
- 210-3216145
- 10:00-20:00

该店位于潘多拉苏街（Pandrosou）往美塔波里斯东正教教堂广场旁的一条小巷弄中，小商店里塞满了各式各样的东西，锅碗瓢盆、雕像、烛台、砧板……全部是由橄榄木做成。除此之外，还有来自其他国家的木头玩具等商品，包括澳洲的回力镖、东欧的木偶以及亚洲的手摇鼓等。

凯迪玛绣品店
Kedima

- 8 Pandrosou St.
- 搭乘地铁 1 号线在 Monastirak 站下车后，步行约 3 分钟可达
- 210-3243594
- 10:00-20:00
- www.kedima.gr

秉持着向世界推广希腊艺术与文化的目标，创立于 1986 年的凯迪玛（Kedima）以高品质的传统刺绣工艺，发展出一系列美化居家的饰品。长桌巾、方桌布、手帕、杯垫、面纸盒……琳琅满目的商品将整间店装饰得色彩缤纷，花朵、橄榄、辣椒……所有象征图案全成为最美丽的刺绣装饰。

玛斯提哈乳香店
Mastihashop

Panepistimiou & Kriezotou St.
搭乘地铁2、3号线在Syntagma站下，后步行约2分钟可达
210-3632750
9:00-21:00
www.mastihashop.com

位于爱琴海上的希俄斯岛（Chios），盛产一种名为玛斯提哈的乳香胶，源自天然植物乳香黄连木（lentisk）树干和树枝的汁液。这种树汁口感略为苦涩，呈眼泪状，滴到地下后，马上会散发出独特的香气。由于具备杀菌的功能，近年来逐渐受到瞩目，昔日仅用于饮食烹调时增加香气，近年来也广泛运用于医学发展上。在这家乳香胶专卖店中，可以看见各种相关产品，从口香糖、牙膏、保养品、肥皂，到饼干和果酱……而艺术气息浓厚的包装，更让人爱不释手。

佐洛塔斯珠宝
Zolotas

10 Panepistimiou St.
搭乘地铁2、3号线在Syntagma站下，后步行约5分钟可达
210-3601272
周一至周五9:30-20:00，周六9:30-15:00，周日公休
www.zolotas.gr

Zolotas是另一个在希腊享有盛名的珠宝设计品牌。1895年时，年仅21岁的佐洛塔斯（Efthimios Zolotas）在雅典的圣马科斯（St. Markos）街，创立了他的第一家店，这位出身裁缝世家的男子不想继承家业，反而前往法国钻研珠宝设计，也因此成为首位将法国精致的珠宝艺术技巧引进希腊的人。佐洛塔斯擅长黄金与白金饰品，搭配钻石镶嵌，灵感与风格同样取材自古希腊艺术，据说肯尼迪夫人杰奎琳生前也是该品牌的爱用者。

Aristokratikon

9 Karageorgi Servias
搭乘地铁2、3号线在Syntagma站下，后步行约3分钟可达
210-3220546
周一至周五8:00-21:00、周六8:00-16:00，周日公休

这家创立于1928年的巧克力专卖店，以手工巧克力掳获了众人的心，包括摩纳哥王妃格蕾丝·凯利和希腊裔美声歌剧女高音玛丽亚·卡拉斯，都难逃其魅力。店内的巧克力不但造型独特且口味多样，最重要的是口感不会太甜，也因此让它得以风行至今。

Moschoutis

12 Ermou St.
搭乘地铁2、3号线在Syntagma站下，后步行约2分钟可达
210-3246504
周一、周三、周六9:00-16:00，周二、周四、周五9:00-21:00，周日公休

女人爱鞋，世界各国都一样，这家位于宪法广场主要购物大街上的鞋店，人潮川流不息，橱窗内一双双精心摆放的鞋子，让路过的人也忍不住放眼偷瞄。Moschoutis是希腊当地的鞋店，商品以当地出产的高跟鞋和罗马鞋为主，款式多变且颜色多样，让女性趋之若鹜，特别是打折的时候，便宜的价格令人不抢不快。

Pepe Yoyo

12 Apollonos
搭乘地铁2、3号线在Syntagma站下，后步行约5分钟可达
210-3236880
周一、周三10:00-17:00，周二、周四、周五10:00-20:00，周六10:00-16:00，周日公休
www.pepeyoyo.gr

匠心独具的饰品总让年轻女性疯狂，这间位于宪法广场附近的小饰品店，犹如一间小型的艺廊，橱窗内以色彩缤纷的小木盒装饰，盒中搭配背景，展现不同的故事主题。小红帽与大野狼、女神雕像、扑克牌鬼牌、魔术方块、电动玩具中的小精灵……全化身为耳环、手环、戒指上的装饰，既独特又有趣。

德尔斐

位于希腊中部的德尔斐，距离雅典约 2 小时的车程。在古希腊时期，德尔斐是著名的神秘之地，也是古代“世界的中心”。

自从 19 世纪末开发以来，德尔斐成为希腊另一处热门旅游城市，其坐落于高山的平台上，俯视着绿意盎然的橄榄园和远方的科林西亚湾，遗世独立的德尔斐洋溢着清幽且神秘的气氛。

传说这里是太阳神阿波罗的神谕之地，不仅如此，德尔斐更被认为是“大地的肚脐”，其神圣地位让它在古希腊时期吸引无数信徒前来朝圣，至今依旧可从神殿遗迹窥见昔日繁盛。

德尔斐交通

如何到达——巴士

从雅典的利奥西翁巴士站每天有 6 班巴士前往德尔斐，分别为 7:30、10:30、13:00、15:30、17:00、20:00，车程约 3 小时。

巴士站往返市区交通

巴士站就位于市区西侧主要入口处，由此沿主要街道 Pavlou & Friderikis 往东行走，约 20 分钟即可抵达考古博物馆。

市区交通

德尔斐是一座小城镇，有阿波罗圣域和雅典娜圣域、德尔斐博物馆等景点，这些景点相对比较集中，可以通过步行的方式到达。

旅游咨询

德尔斐旅游服务中心

12 Pavlou & Friderikis St.

22650-82900

周一至周五 8:00-14:30，周末和假日公休

精华景点

阿波罗圣域 (Sanctuary of Apollo)

必游之地 MUST-VISIT PLACES

- 从巴士站步行前往约 25 分钟
- 22650-82312
- 夏季 7:30-19:30，冬季 8:30-15:00
- 全票 6 欧元、优惠票 3 欧元，含博物馆套票全票 9 欧元、优惠票 5 欧元

德尔斐在迈锡尼时代末期就已经出现组织完整的聚落，随着公元前 8 世纪时来自克里特岛的祭司们将对阿波罗神的信仰传入希腊中部，才使得这座城镇真正开始发展。阿波罗祭仪的流传和神谕的声名远播，使得德尔斐到了公元前 7 世纪时，已经成为一处广为世人所知的宗教中心，拥有整套完整的祭祀方式，不过也因此受到邻近城市的觊觎。他们发动多次战争希望征服德尔斐，所幸都被其他希望和众神结盟的强大政权帮忙平定。

到了罗马人统治时期，多位将军和皇帝从这里搜刮走不少古物，其中光是尼禄就带走了多达 500 件的雕像。到了基督教统治时期，德尔斐逐渐失去了它在宗教上的重要性，公元 4 世纪时，迫使希腊人改教的拜占庭皇帝，下令禁止信仰阿波罗，同时停办皮西亚庆典（Pythian Games），使得德尔斐从此退出当地的宗教舞台，于是阿波罗圣域逐渐埋藏于荒烟蔓草间。直到 1892 年被位于雅典的法国考古学校发现，才使得这片遗迹得以重现于世间。

罗马市场 Roma Agora

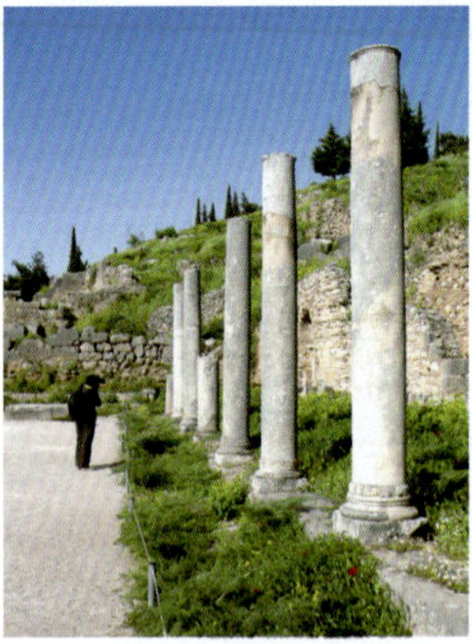

沿着入口的指示标往前走，首先映入眼帘的是罗马市场。如今在一片长方形的广场前，只剩下部分廊柱和拥有半圆拱的建筑遗迹，这里昔日林立着商店，出售祭祀用的供品以及朝圣者沿途所需的备品。

圣道 Sacred Road

踏上市场西侧的阶梯，才算走进阿波罗圣域。这处分布于山丘上的圣地，昔日应是处与民居区隔开来的围场。在这段通往山上的圣道前段，沿途耸立着多座只剩断壁残垣的献纳像和献纳纪念碑，其中大多为雕像，用来感谢神明对其战争胜利或重大活动的保佑。

宝库 Treasuries

过了第一个转弯处开始出现宝库，此段圣道被称为“宝库交叉点”（Treasuries Crossroad），沿途坐落着希基欧人宝库（Treasury of Sikyonians）、提贝人宝库（Treasury of Thebans）、贝欧提人宝库（Treasury of Beotians）、波提迪亚人宝库（Treasury of Poteideans）和斯芬尼亚人宝库（Treasury of Siphians）等，其中在贝欧提人宝库和波提迪亚人宝库之间，可以看见一块位于方形石模中的尖石，是修复后的“大地肚脐”（The Omphalos）之石，由于德尔斐被认为是世界的中心，因此也是大地肚脐的所在地。至于大约兴建于公元前 525 年的斯芬尼亚人宝库，则是其中最精致的建筑之一，曾装饰着大量的浮雕和两根女性柱，如今这些都收藏于德尔斐的考古博物馆。

雅典人宝库 Treasury of Athenians

雅典人宝库是目前阿波罗圣域中保存最完整的，于 20 世纪初经过整修。这栋多利克式建筑以大理石打造而成，应是以雅典对马拉松战役中掠夺而来的财物为资金，在建筑正面（南面）的三角平台上，叙述的正是这场战役。建筑四面的间饰浮雕大约出现于公元前 505—公元前 500 年间，其中东面的带状装饰描绘了对亚马逊（Amazon）的战役，至于北面和西面则歌颂大力士赫拉克勒斯（Hercules）的英勇事迹，南面则赞许忒修斯（Theseus）的辉煌成就。

希皮尔岩 Rock of Sibyl

在雅典人宝库和雅典廊柱之间的区域，是德尔斐最古老的膜拜场所，献给当地原本的守护者大地之母盖娅（Gea），可见其祭坛（Sanctuary of Gea）遗迹。据说当她的儿子皮同（Python）遭阿波罗杀害后，皮同的遇害地点出现了一座至今依旧存在的甘泉。而在祭坛附近有一块造型奇特的石头——希皮尔岩，相传德尔斐的首位祭司便是坐在这块岩石上，向盖娅女神请示神谕。

雅典人柱廊 Porch of the Athenians

一根根以单块巨石打造而成的廊柱，架构出长 30 米、宽 4 米的建筑面积，根据记载于柱座的铭文说明，雅典人之所以兴建这座建筑，目的在于展示船艄以及他们从对波斯海战的胜利中搜刮而来的战利品。

阿波罗神殿 Temple of Apollo

耸立于山间平台上的阿波罗神殿，是整座圣域乃至德尔斐的核心！

在神殿的东侧前方屹立着一座大祭坛，长 8.6 米、宽 5 米、高 4 米，节庆时上方总是堆满来自信徒的供品。根据上方的铭文记载，这座大祭坛由享有特权无须等候便能直接请示神谕的凯奥斯岛人（Chian），出资兴建于公元前 5 世纪。

至于如今出现于我们眼前的阿波罗神殿，是公元前 4 世纪时第 5 次于同一处地点和地基上重建的建筑，由希腊各城邦合资兴建。传说首座阿波罗神殿以月桂叶盖成；第二座神殿则是取材自蜂蜡与蜜蜂的翅膀；第三座神殿以青铜打造；第四座神殿则由特罗丰尼乌斯（Trophonios）和阿伽墨得斯（Agamedes）两座神话建筑组成，不过公元前 548 年时，第四座神殿被其他建筑当成采石场而遭到破坏；第五座神殿共分为三层，四周分别围绕着 6 或 15 根的柱廊，位于中央的主殿另有一圈围廊。神殿的三角楣装饰着象征古希腊艺术的雕刻，东面描绘阿波罗和母亲勒托以及双胞胎妹妹阿耳忒弥斯抵达德尔斐时，受到年轻男女欢迎的场景，西面则重现了众神与巨人族的战争。该神殿于公元前 373 年时因地震而倾倒，所以今日所见面貌为重建的结果，落成于公

元前330年，无论体积、风格、结构都和之前的旧神殿一模一样，差别只在于西面的三角楣以赫利俄斯（Helios）日落为雕刻题材。

位于神殿最深处的圣坛分为两层：上层曾经放置着一尊金色的阿波罗雕像，下层是女祭司皮西亚（Pythia）走下来宣告神谕的地方。最初，每年只能请示一次神谕，在2—3月间，即阿波罗诞生月份时，前后共约7天，后来除了冬季外，每个月都开放请示。

剧场 Theatre

位于阿波罗神殿后方山坡上的剧场，是昔日皮西亚庆典时举办音乐和戏剧竞赛的场地，兴建于公元前4世纪，并于公元前2世纪时由罗马人加以整修。在它分成35排的座位中，共可容纳多达5 000名观众，至于分成三个部分的舞台，正面原本装饰着赫拉克勒斯的战功，如今收藏于博物馆中。

竞技场 Stadium

沿着剧场后方的坡道继续往上行走，最后会到达举办运动赛事的竞技场。兴建于公元前5世纪，既像椭圆形又像长方形的它长180米，主要为了赛跑而设计，北面有12排座位，南面有6排，共可容纳7 000人。

体育训练场 (Gymnasium/γυμνάσιον)

- 在阿波罗圣域对面的谷地中
- 从巴士站步行前往约 30 分钟
- 夏日 7:30-20:00，冬季 8:00-17:00
- 免费

从阿波罗圣域前方的道路上，可以看见另一侧山谷中散落着一些石块与柱脚，这些基石见证了曾经坐落于此且面积广大的体育训练场。

在古希腊时期，体育训练场对于希腊各城邦或圣域来说是不可或缺的设施，年轻人在此接受训练与教育，强健其体魄与身心。这座训练场大约出现于公元前 4 世纪时，更分为上下两个部分：下层包括一座围绕着中央方形中庭的角力学校（Palaestra），直径长达 10 米、深及 1.8 米的大水池，以及一旁的浴场休息室等，如今只剩下大水池的圆形轮廓清晰可辨；上层主要用来举办赛跑活动，昔日长 180 米的柱廊称为 Xystos Dromos，于雨天使用，在 Xystos Dromos 和下层间的空地区域，和前者一样长，是晴天的比赛场所。

雅典娜圣域
(Athena Pronaia Sanctuary/ Ιερό Αθηνάς Προναίας)

在阿波罗圣域对面的谷地中
从巴士站步行前往约 35 分钟
夏日 7:30–20:00，冬季 8:00–17:00
免费

必游之地 MUST-VISIT PLACES

从体育训练场继续往下走，就会来到雅典娜圣域。在过去，它和阿波罗圣域一般，是一处封闭的围场，四周围绕着神圣建筑和一道小石墙。兴建于公元前 6 世纪末的雅典娜神殿位于中央，本来是一座围绕着廊柱的多利克式建筑，如今只剩下片段的三角楣和饰带浮雕，根据推测毁于公元前 373 年时的一场地震，后人不久又在它的西侧兴建了另一座更大的雅典娜神殿，不过同样只剩断壁残垣。

在整个圣域中保存最完整的要属德尔斐圆形建筑（Tholos of Delphi），尽管如今只耸立着三根圆柱和部分门楣，不过从下方的基座可看出直径为 13.5 米、历史追溯到公元前 4 世纪的它，下方以石头为基台，上方则采用大理石为材料，以双回廊环绕建筑外观，彼此间装饰着精致的雕刻。关于圆形建筑的功用为何至今依旧成谜，一般认为和祭祀仪式有关。

德尔斐考古博物馆 (Archaeological Museum of Delphi/ Αρχαιολογικό Μουσείο Δελφών)

MUST-VISIT 必游之地 PLACES

- 从巴士站步行前往约 15 分钟
- 27510-76585
- 夏季周一 12:00-19:00、周二至周日 7:30-19:00，冬季 8:30-15:00
- 全票 6 欧元、优惠票 3 欧元，含阿波罗圣域套票全票 9 欧元、优惠票 5 欧元
- odysseus.culture.gr

从德尔斐市区前往阿波罗圣域前，会先抵达德尔斐考古博物馆，造型简约、现代的它，最初由希腊政府和挖掘德尔斐遗迹的法国考古学校一同创立于 1903 年，不过今日的外观是经过多次整合的结果。

考古博物馆中收藏的展品，以德尔斐遗迹中出土的文物为主，其中大致可分为两大类：一类为昔日当作供品的青铜像和大理石像，以及青铜器、珠宝和各类黏土器皿；另一类则是装饰神殿或宝库等建筑的带状雕刻、三角楣浮雕等。在时代上则区分为史前、几何时期（Geimereric Period）、古朴时期（Archaic Period）、古典时期（Classic Period）、希腊化时期（Hellenistic Period）以及罗马时期（Roman Period），其中又以公元前 7—公元前 6 世纪德尔斐发展达到巅峰的古朴时期最具看头，至于收藏德尔斐考古博物馆镇馆之宝《马车夫》青铜像和《舞者之柱》的古典时期，也不能错过。

马车夫 The Charioteer

这尊青铜雕像是博物馆中最杰出的收藏之一，身着传统高腰束带希顿古装（Chiton）的年轻男子，右手依旧拿着缰绳，他是马车竞赛中的冠军，头上戴着象征胜利者的镀银缎带，正在接受民众的喝彩。男子的脸部是这件作品最出色的地方，不同材质镶嵌而成的眼珠与眼球搭配微张的嘴唇线条，表现出一种谦逊的神色。这尊年代追溯到公元前 470 年的作品，是当时在皮西亚庆典中赢得马车赛冠军的波琉萨洛斯（Polyzalos）献给阿波罗神的供品。这件作品其实相当庞大，原本还有马车与骏马，不过其他部分已残缺不堪。

舞者之柱 Column with the Dancers

舞者之柱原本是支撑某座巨大金属三脚瓮（Tripod）的底座，上方有三位少女的雕像，高度超过 11 米的它曾是阿波罗圣域中最引人注目的古迹之一，整体以大理石雕刻而成，根据推测应该是公元前 4 世纪时希腊人奉献的礼物。

大地肚脐 Omphalos

一块象征德尔斐为世界中心的石头，复制曾经放至于阿波罗神殿中圣坛的原石，据推测应为希腊化或罗马时期的作品，上方装饰着名为 Agrenon 的网纹。

安提努斯像 Antinoos

安提努斯是罗马皇帝哈德良的挚友，为了纪念在悲剧中丧生的他，哈德良下令境内多座城市和圣域必须崇拜他，同时献纳了多座雕像加以纪念。这尊位于德尔斐的安提努斯像大约出现于 130—138 年间，略微侧倾的脸庞展现出淡而动人的忧伤。

斯芬尼亚人宝库的装饰
Decorations of Treasury of Siphians

考古博物馆中大量收藏了斯芬尼亚人宝库的装饰，包括三角楣上的雕刻与带状浮雕。北侧带状浮雕叙述了希腊众神大胜巨人族的故事，可以看见阿波罗和阿耳忒弥斯联手出击，以及赫拉跪踩在一位死亡巨人身上的场景，值得注意的是，浮雕中的希腊众神都面对右方，那是希腊艺术文化中对于获胜者的表现方式，而巨人族自然面对左方。东侧浮雕则重现了奥林匹克众神观赏特洛伊战争（Trojan War）的场景，浮雕左边呈现的是神界，右边则是战争场景。

斯芬克斯像 Sphinx

在希腊神话中角色混沌的斯芬克斯，经常被当成圣域中的献纳供品或是葬礼纪念碑。这尊斯芬克斯像原本耸立于一根位于加亚祭坛旁高 11 米的柱头，是公元前 560 年左右献给德尔斐的供品，它庞大的体积说明了献祭者的财富与显赫。

阿尔戈斯双男子像 The “Twins” of Argos

这两尊高达 2 米的雕像，是公元前 6 世纪时的作品，出自阿尔戈斯工匠之手，部分学者认为它们是当地传说中的双胞胎英雄克利欧比斯（Cleobis）和比顿（Biton），但也有人认为它们是宙斯的双胞胎儿子卡斯托耳（Castor）和波勒克斯（Pollux），无论如何这组雕像都见证了即将进入古朴时期的艺术发展。

住在德尔斐

爱玛仕酒店 ★★★
Hotel Hermes Delphi

27 Pavlou & Friderikis St.
从巴士站步行前往约 5 分钟
22650-82318
www.delphihotels.gr

爱玛仕酒店位于德尔斐的市中心，四周林立着餐厅和纪念品专卖店，无论逛街还是用餐都非常方便。这家以木头和石块装潢的酒店，洋溢着怀旧且温馨的气氛，从露台餐厅可以眺望下方的橄榄园和远方的科林西亚湾，景色非常优美。在它 28 间配备空调、电话、电视以及独立卫浴的客房中均附设阳台，或面对热闹的街市，或眺望美丽的山谷景观。而这里亲切的服务人员和合理的价格，更成为这家酒店吸引人的原因之一。

阿玛利亚酒店
Amalia Hotel Delphi
★★★★

Apollonos St. Delphi
22650-82101
www.amaliahoteldelphi.gr

这家四星级酒店拥有 46 间舒适的现代化客房，设有露台或阳台，有空调和暖气。此外，该酒店内还设有一个室外游泳池和一间带壁炉的温馨休息室。阿玛利亚酒店位于帕尔纳索斯山（Parnassus）的山坡上，享有绿色山谷的全景及宁静的港口小镇伊第亚（Itea）和美丽的小镇加拉克西迪（Galaxidi）的景色。

德尔斐宫廷酒店 ★★★★
Hotel Delphi Palace

Apollonos 69
22650-82151
delphipalace.com/en.html

德尔斐宫廷酒店地理位置优越，距离德尔斐考古博物馆（Delphi Archeological Museum）有 200 米，距德尔斐考古遗址约 600 米，距西凯里阿诺斯博物馆（Sikelianos Museum）1.4 千米，离帕尔纳索斯滑雪中心（Parnassos Ski Centre）35 千米。该酒店免费提供 Wi-Fi。

帕尔纳索斯德尔斐酒店
Parnassos Delphi Hotel ★★★

32, V. Pavlou & Friderikis St.
22650-82321
parnassos.org

帕尔纳索斯德尔斐酒店位于城市中心地区，其地理位置优越，邻近特尔斐的博物馆和考古遗址、特尔斐公共汽车站和出租车站。该酒店的客房和套房内环境温馨，设有优雅的家具。此外，酒店各处均提供免费 Wi-Fi。

卡斯塔利亚精品酒店
Kastalia Boutique Hotel
★★★★

Vasileos Pavlou & Friderikis 13
22650-82205
kastaliahotel.gr

卡斯塔利亚精品酒店位于德尔斐村（Delphi village），其距离德尔斐的考古遗址（Archaeological Site of Delphi）约 250 米，步行 5 分钟可达。酒店客房内设有电视休息区、酒吧等，并提供免费的 Wi-Fi。

吃在德尔斐

Epikouros Taverna Restaurant

33, V. Pavlou & Friderikis Street
22650-83250
www.delphi.com.gr/epicuros/index.html

这家餐厅位于德尔斐镇（Delphi town）的中央街上，地理位置优越。

餐厅拥有浪漫的就餐氛围，可以一边慢慢品尝希腊美食，一边悠闲地欣赏德尔斐谷（Delphi gorge）和普莱斯托斯河谷的橄榄园（olive groves of Pleistos valley）以及科林西亚湾（Corinthian Gulf）的风景。

Restaurant Iniohos

19, Pavlou & Friderikis Streets
22650-83101, 83103
www.delphi-hotel-iniohos.gr/index.htm

该餐厅成立于1950年，属于三星级的伊尼霍斯酒店（Iniohos Hotel Restaurant），位于旖旎的风景区，从这里可以远眺阿姆菲萨橄榄谷（Olive Valley of Amfissa）和科林斯海湾的风景。游客在这里可以品尝到以当地地道橄榄油为原料制作的美食。

Tavern DION Delphi

Apollonos 30，Delphi Fokida
22650-82790
www.tavernadion.gr

餐厅内部装饰精美，典雅的地中海风格为餐厅营造出了舒适的就餐氛围。美味的传统食物以及热情周到的服务令人难以忘怀！

Taverna Vakhos

Apollonos 31
22650-83186
www.vakhos.com

餐厅厨师以当地帕尔纳索斯山地区产的橄榄油、蔬菜为原材料进行烹饪，因此这里的菜品新鲜又美味。

科林斯

四周环绕着滨海小镇的科林斯，紧扼着伯罗奔尼撒半岛连接希腊大陆的咽喉，独特的地理位置使之自古以来就成为兵家必争之地。科林斯位于雅典西南方约 78 千米处，根据希腊传说，这座城市由太阳神赫利俄斯（Helios）的后代科任托斯（Corinthos）创立，不过也有其他传说认为它是提坦族的大河河神俄刻阿诺斯（Oceanus）的女儿埃菲尔（Ephyra）女神所建，因此拥有埃菲尔的古名。

无论起源如何，可以确定的是这座城市在公元前 7 世纪时，文化发展达到巅峰，大量公共建筑如雨后春笋般出现，成为当时希腊非常先进的城市。到了公元前 3 世纪时，成为希腊城市国家“科林斯同盟”的中心，甚至在罗马殖民时期，它依旧扮演首都般的重要角色，如此盛况一直持续到公元前 2 世纪，科林斯的势力才逐渐式微。不过今日的科林斯是 1928 年后重建的新城，由于古科林斯在 1858 年时历经一场大地震而全毁，又受到 1933 年一场大火的波及，如今只剩遗迹可供世人追忆，至于新城本身并无特殊景点值得参观。

科林斯交通

如何到达——火车

从雅典的拉里西斯火车站每天共有约 10 班火车前往科林斯，6:06-23:06 平均每小时发一班车，部分火车必须转乘，车程约 1 小时 30 分钟。火车站前方有巴士前往新科林斯，从新科林斯可搭乘巴士前往古科林斯。也可以从火车站直接搭乘出租车前往古科林斯。

如何到达——巴士

从雅典的基菲苏巴士站每天多班巴士前往科林斯，车子停靠在附近的滨海小镇伊斯米亚（Isthmia），车程约 1 小时 30 分钟，平均每 30 ~ 60 分钟就有一班车。伊斯米亚距离新科林斯约 15 千米，距离古科林斯约 20 千米，所以只能搭乘出租车前往两地，车资约为 20 ~ 25 欧元。

精华景点

古科林斯 (Ancient Corinth/ Αρχαία Κόρινθος)

必游之地 MUST-VISIT PLACES

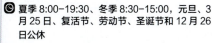

- 🚌 新科林斯的 Kolokotroni 和 Koliatsou 两路交接口，有巴士前往古科林斯，车程约 20 分钟。另也可搭出租车前往
- ☎ 27410-31207
- 🕓 夏季 8:00-19:30、冬季 8:30-15:00，元旦、3 月 25 日、复活节、劳动节、圣诞节和 12 月 26 日公休
- ¥ 全票 6 欧元、优惠票 3 欧元

通过新石器时代遗留下来的文物，可以推测科林斯早在公元前 5000 年就已出现聚落，然而它真正在历史舞台上发光发热，要到公元前 8 世纪时。因为巴齐亚达伊（Bakkhiadai）家族的统治，使该地区经济和艺术的发展达到顶峰。公元前 7 世纪中期，移除贵族政治的希普塞卢斯（Kypselos）以暴君之姿掌管科林斯，他和他的儿子佩里安德（Periander）替科林斯赢得了更多殖民地，范围远及今日的阿尔巴尼亚。到了公元前 5 世纪时，科林斯已成为希腊的三大强权之一，甚至领兵参与对抗波斯的战役，尽管战后雅典崛起使得科林斯只得屈居希腊的第二要城，但是依旧在早期的历史上扮演着举足轻重的角色。

博物馆 Museum

位于古科林斯遗迹区西侧的建筑是博物馆，里面收藏了大量当地出土的文物，内部分为四间展览室，分别展出不同时期的藏品。1 号展览室以此区的史前聚落发

现为主题，展出陶器、小雕像和工具。2号展览室收藏包括几何、古朴与古典时期的文物。3号展览室最为精彩，陈列着罗马统治者雕像、马赛克镶嵌地砖、壁画以及罗马和拜占庭时期的陶器。不论是暴君尼禄头像，或是奥古斯都大帝像，还是酒神色彩缤纷的马赛克镶嵌、深受东方艺术影响而出现奇珍异兽等装饰图案的陶壶，以及黑绘和红绘的陶壶等，都非常值得一看。而医神神殿展览室则主要展出来自科林斯祭祀医神阿斯克勒庇俄斯（Asklepieion）的用品。

葛劳凯之泉 Glauke Fountain

在博物馆前方，有一座以石灰岩打造的大型立方体，它是昔日以一条长石灰岩脊道连接西侧神殿丘（Temple Hill）的葛劳凯之泉。葛劳凯是希腊神话中科林斯国王克瑞翁（Creon）的女儿，也是寻获金色羊毛的英雄伊阿宋（Jason）与美狄亚（Medea）离婚后再娶的第二任妻子。克瑞翁要将女儿嫁给伊阿宋，同时也将王位传给他，伊阿宋因此抛弃了帮他寻找金色羊毛的第一任妻子，于是怒火中烧的美狄亚在葛劳凯的嫁衣上施毒，让穿上礼服的葛劳凯浑身起火，受不了烈火煎熬的公主于是跳入泉水之中，也成了这座泉水今日名称的由来。葛劳凯之泉和其他科林斯的泉水不同，采用输水管运水而非汲取自一座天然泉水，昔日共有4座蓄水池和3座汲水池。

阿波罗神殿 Archaic Temple of Apollo

阿波罗神殿是整处遗址的精神所在，端坐于一座小山丘上，和遗址中大部分保留下来的自罗马时期古迹不同，它是其中极少数幸存的希腊古典时代建筑，兴建于公元前5世纪。这座多利克式围柱式建筑，由单块巨岩打造的圆柱将它撑起，昔日共有38根圆柱，如今仅剩7根独撑大局。它悠久的历史，仅次于奥林匹亚的赫拉神殿。

市场 Agora

位于阿波罗神殿下方的，正是本市的经济、文化、宗教中心，其中包括罗马市场、神庙、水源和公共建筑等。罗马市场占地辽阔，侧面曾连接着一座大型柱廊，位于中央的主市场过去耸立着一栋多层建筑，光是位于底层的部分就拥有多达33间的商店。在柱廊的对面，有一座宣告公众事务的大理石平台——讲坛，讲坛后方为大量罗马行政机关建筑。至于市场最远端，则是长方形会堂的所在地。

雷凯欧大道 Lechaio Road

过了山门，低于罗马市场的区域以雷凯欧大道 (Lechaio Road) 区分为左右两块区域，这条铺设着大理石的笔直大道，是昔日连接港口和古科林斯市场的主要干道，在它两旁分布着多座建筑，包括半圆形建筑 (Semicircular Building)、长方形会堂 (Basilica)、阿波罗神殿围场 (Peribolos of Apollo)、艾乌利克雷斯大浴场 (Baths of Eurykles) 以及皮蕾尼之泉 (Peirene Fountain) 等，其中在艾乌利克雷斯大浴场的遗迹中，还能看见罗马时期的排水厕所。

皮蕾尼之泉 Peirene Fountain

皮蕾尼之泉就位于山门下方，其名称来自河神阿索波斯（Asopus）的女儿。这位女神和海神波塞冬生下了两个儿子，就在其中一个儿子（Cenchrias）遭丰饶女神阿耳忒弥斯杀害后，皮蕾尼便终日以泪洗面，最后和泪水一同化身为科林斯的这座泉水。引用自然泉水，以水道将水源引进中庭的水池和喷泉之中，早在公元前 2 世纪时，皮蕾尼之泉就是一座拥有 3 座汲水池和 4 座大型蓄水池的水利设施，同时也是罗马统治下第一个重建的结构。罗马人将泉水隐藏于一座巨大的方形中庭内，外观装饰着多利克式和爱奥尼亚式柱，位于中央的方形汲水池以矮、宽的阶梯通达，四周的排水池则以流通中庭地下的大导管接连，提供昔日居民用水，该泉水一直使用到 19 世纪。

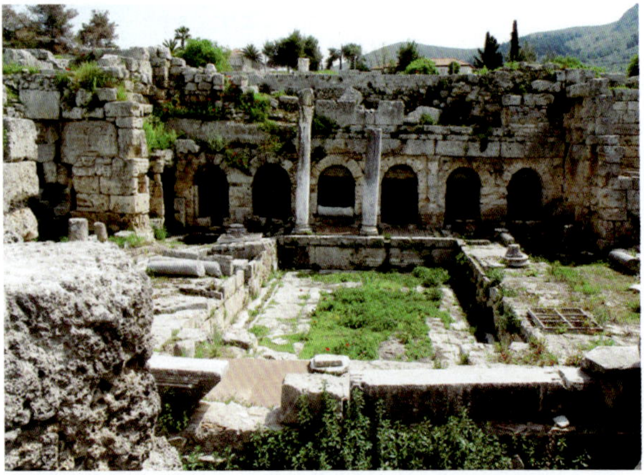

音乐厅 (Odeon/Ωδείο)

- 位于古科林斯遗迹旁
- 24 小时
- 免费

在栏杆围出的古科林斯遗迹外，就在入口旁另有两座遗迹隔着马路三方相望，较远处的剧场（Theatre）如今几乎无法分辨，只剩下散落于绿地之间的废石；至于邻近遗迹区的音乐厅，勉强可见其半圆形结构。

这座直接凿开一座自然山丘的音乐厅，最初出现于 1 世纪时，175 年时因为一场大火而焚毁，后来在希罗得·阿提库斯（Herodes Atticus）的资助下重建。希罗得·阿提库斯是罗马皇帝哈德良的好友，这位著名的演说家资助了希腊境内许多重要建筑，除了位于雅典卫城南坡，用来纪念他妻子的希罗得·阿提库斯剧场外，他还赞助修建了德尔斐的竞技场、奥林匹亚的水道系统，以及科林斯的音乐厅和皮蕾尼之泉。古科林斯的音乐厅在 225 年时重修，并被当成角斗士和野兽格斗的竞技场。

科林斯运河 (Corinth Canal/Διώρυγα της Κορίνθου)

- 从 Isthmia 的巴士站可步行前往，另外从新科林斯可搭乘出租车或巴士前往，车程约 10 分钟
- 24 小时
- 免费

科林斯运河连接萨罗尼科斯湾与科林西亚湾，是爱琴海群岛通往爱奥尼亚海群岛及意大利的捷径，自古以来就是一个贸易及战备的重要航路，同时也是从雅典通往伯罗奔尼撒半岛的大门。据说早在古罗马时期，为了开采银矿和引进犹太奴隶，皇帝尼禄就想利用此处的地利，不过一直到 19 世纪 90 年代，才依赖科技发展使这个梦想成真。科林斯运河落成于 1893 年，高 80 米、宽 24 米的狭长深水道，必须以小船牵引着大船通过运河，它让比雷埃夫斯成为地中海主要的港口和转运中心，然而随着超大型油轮的出现，今日的科林斯运河逐渐丧失其重要性。其两边垂直切割、形状工整的悬崖景观依旧非常壮观，值得一看。

迈锡尼

城池、城堡的建造是人类由原始的农业村落发展成都市的一个标志，同时也象征人类社会组织进入趋于高速发展的阶段。对于史前时代的古希腊，长期以来学界一直都是懵懂未知的状态，然而随着迈锡尼城的挖掘出土，关于这个黄金帝国的伟大故事，特别是希腊史前最伟大的诗人——荷马所写的两部巨著《奥德赛》和《伊利亚特》，一点一滴地呈现在世人的眼前。如今，不再只是抱着书本凭空想象，而是能实地走进故事场景，去感受那些伟大宏伟的英雄气魄！

迈锡尼遗址位于雅典西南方 90 千米处，坐落于伯罗奔尼撒半岛的东北方，它发迹得非常早，据测在公元前 2000 年前，就有印欧民族在此发展农业和畜牧业，后来受克里特岛的米诺斯文明影响，到公元前 1600—公元前 1200 年时，逐渐发展到巅峰，诞生了所谓的迈锡尼文明，并统治远达小亚细亚西岸的土地，可惜在公元前 10 世纪时，被多利安人消灭。

迈锡尼交通

如何到达——火车

雅典的拉里西斯火车站每天有两班车前往附近的 Fikthia 村，车程约 3 小时。Fikthia 村距离迈锡尼遗址约 4 千米，可搭乘出租车前往。

如何到达——巴士

从雅典的基菲苏巴士站搭乘前往纳夫普利的巴士，在途中下车，车程约 2 小时，平均每小时均有 1 班车前往。至于从纳夫普利则每天有 3 班车前往，车程约 50 分钟。长途巴士站距离遗址区约 3 千米，可以步行方式沿坡道上山抵达。

精华景点

迈锡尼遗址
(Archaeological Site of Mycenae/ Αρχαιολογικοί χώροι των Μυκηνών)

MUST-VISIT 必游之地 PLACES

- 分别距离火车站和巴士站各约 4 千米、3 千米，可以步行或搭乘出租车前往
- 27510-76585
- 夏季 8:00-19:30、冬季 8:30-15:00，3 月 26 日公休
- 全票 8 欧元、优惠票 4 欧元，部分日期开放免费参观，详情请上官网查询
- odysseus.culture.gr

迈锡尼文明的城堡自成一格，以长、宽达 5 ～ 8 米的巨石堆叠而成的围墙最为惊人，在伯罗奔尼撒半岛、爱琴海上某些岛屿、希腊中南部甚至雅典，都曾发现迈锡尼式建筑，但其中最具规模的，就是迈锡尼卫城。

卫城是政治经济的中心，它的规模设施反映了整个王国的荣耀和势力，但是它的范围相当大，必须有一点儿想象力才能看出这个足迹曾经远达埃及、小亚细亚、西班牙、意大利等地的国家的昔日荣光。

迈锡尼卫城被一条长约 900 米的城墙围起，它由一块块巨石堆叠出一层坚不可破的防护。由于这项工程浩大，因此衍生出独眼巨人为迈锡尼人筑城的传说，而迈锡尼人也因此保障自己的财富文化不受外族侵犯。

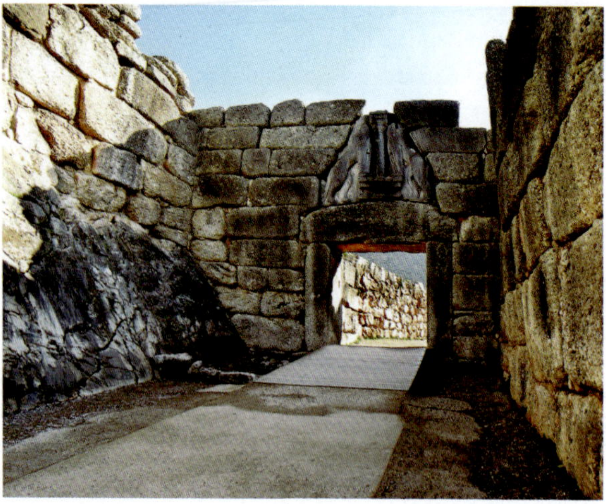

城墙正面入口是一座石门，它有两只雄狮守护，也称“狮子门”，进入此门后，右边是一片帝王陵墓，包括圆形的穴冢“墓冢 A 区”，至于从狮子门延伸出去的宽广斜坡大道和无数阶梯，通往高踞山顶的王宫，俯视着位于山脚和城墙之间的住宅群落。翻过山顶在王宫后侧，还有一些像房舍的建筑，不过最有趣的是两条秘密通道和一条通往地下储藏室的通道，可见这座坚实的堡垒也拥有致命的弱点！

狮子门 The Lion Gate

迈锡尼卫城的正门面对西北方，是由四块长方形的巨石围成，上方那块重达 20 吨，很难想象当时迈锡尼人的建筑技术要有多发达，才能将这块石头安稳地抬起并压住两侧柱子。更厉害的是，在这块巨石之上，还装饰着一块切成三角形的石块，雕刻着两头威严的雄狮，象征迈锡尼王国不可侵犯的地位。《荷马史诗》中，也有描述狮子门的场景，那就是最伟大的君主——“人间之王”阿伽门农领着军队、战车浩浩荡荡地从这里出发，远征特洛伊城。经过长达 10 年的苦战，从这里出发的士兵一半以上惨死战场。幸存的阿伽门农返回家乡后便在这狮子门前接受心怀阴谋的妻子和妻子的情人迎接，后在山顶上的宫殿筵席中遭到杀害。

墓冢 A 区

墓冢 A 区是由德籍考古爱好者施里曼 (Heinrich Schliemann) 在 1876 年时挖掘出土的。讽刺的是，施里曼并不是正统的考古学家，而当时所有希腊的考古学家都坚信墓冢应该设于城墙外，只有施里曼坚持要在城内开挖，最后果然被他发现 5 座坟墓，现在收藏在雅典国家考古博物馆里最著名的黄金面具、金指环、金杯、狮头、公牛头酒器等最耀眼的古物，都是施里曼这个外行人所发现的。但他并非仅靠运气随意乱挖的，而是根据公元 2 世纪希腊作家帕萨尼亚斯（Pausanias）游记里所述，“宣称人间之王阿伽门农下葬于城墙之内”。施里曼被时人当作笑话的举动，却解开了神秘的史前文明之谜。

现在墓冢 A 区的古物都被收藏在雅典，现场只剩下墓冢遗迹，但从它奇特的造型——直立石板以一定间隔围成直径 8 米的大圆圈，外层还有石块围的一道矮墙，入口左右各有石板围出来的小室，可以了解迈锡尼人对墓冢建筑的设计。

阿伽门农的宫殿

位于山丘顶端的是帝王居住的宫殿，穿过狮子门一直沿着石板坡往上走，就可以抵达宫殿。尽管现在只剩下一些断壁残垣，但是考古学家们还是从建筑的结构中发现，宫殿拥有客室、女宾室、广场、帝王主殿甚至有浴场等，现在在雅典国家考古博物馆展出的战士出征陶器，就是从主殿中发现的。

地下水源与秘密通道

一个固若金汤的城堡，在战争时最致命的危机就是缺水。迈锡尼卫城在筑城的时候也想到了这一点，但是，四周都围了厚重的高墙，要如何解决水的问题呢？在宫殿后方一个通往地下的隧道解开了这个疑问。沿着潮湿漆黑的隧道深入地下，感觉湿气越来愈重，抵达最下层，才发现是一池清水，这就是城堡的水源。不过这池水并不是来自城堡的地下，而是用陶做成水管从附近的柏赛亚山引泉水入城，储存在这个地下水池中。

除了这个地下储水池之外，还有两个非常狭窄的小门，通往城堡后方的山区，这就是迈锡尼卫城的秘密通道。在城堡受敌人围困的时候，可经由这条秘密通道逃离。

墓冢 B 区

离迈锡尼卫城约 500 米远的地方，有一块围绕矮篱的墓冢区，被称为墓冢 B 区。这里的墓大多是在 1952—1955 年之间由考古学家挖掘发现，总共有 24 个墓冢，其中最有名的，就是《荷马史诗》中所述的“阿特柔斯的宝库”(The Treasury of Atreus)。

从墓冢 B 区挖掘出来的宝物，大部分都收藏在雅典

的国家考古博物馆里，其中最有名的就是从一座公主坟墓中挖出的鸭形水晶杯。除了大量的金饰、青铜器、陶器之外，从墓冢B区得到的最大收获是了解迈锡尼人埋葬亡者的方式：死者被放置于圆锥形的墓穴地面上，尸体并没有用棺木装起，而是直接放在地上，有些会在尸体下方垫着兽皮，死者身上通常装饰着各式各样的饰品，周围则堆满陶器、兵器等用具。

阿特柔斯的宝库

《荷马史诗》中记述的“阿特柔斯的宝库”让许多考古学家心驰神往，但盗墓者捷足先登，将阿特柔斯的宝库洗劫一空，考古学家只能望着空墓兴叹。

阿特柔斯是“人间之王”阿伽门农的父亲，父子两人加上阿特柔斯的父亲珀罗普斯(Pelops)，缔造了迈锡尼王国的全盛时期，被荷马称颂为最为富裕的黄金城，而阿特柔斯死后的陪葬品价值连城，“阿特柔斯的宝库”成为千年来的美丽传说，然而现在只能欣赏它建筑上的宏伟。

墓穴门口前方有一条长35米的通道，两边的墙壁以平滑的石块堆砌而成，正门高达11米(将近3层楼高)，两旁各有一根圆柱，整面墙原本有美丽的雕刻和彩绘，但现在只看得到土墙一面。最惊人的设计，是大门上方长8米、宽5米的横梁，和墓穴墙壁石砖一层层往上堆叠。这种建筑方式，即使在现代，也必须经过精密计算才能呈现。

纳夫普利

坐落于伯罗奔尼撒半岛东北方的阿尔戈利斯湾（Argolic Gulf）畔，这座沿山坡发展的城镇，在 19 世纪初希腊展开独立运动时成为对抗奥斯曼土耳其帝国最重要的大本营，并且短暂担任过现代希腊的首都。希腊的首位总统卡波季斯第亚斯（Kapodhistrias），在纳夫普利被刺杀身亡后，第一位现代希腊国王奥托一世，也曾在 1833—1834 年间将他的王宫设于此地。

1834 年时，奥托一世决定迁都雅典，这座素有“东罗马帝国的拿波里”之称的海港城市，逐渐在历史上褪去光环，然而它隐约洋溢着的优雅气息和古老风情，让它从 20 世纪 80 年代开始，成为当地热门的周末出游景点，附近美丽的海滩，更成为雅典人夏日的避暑胜地。如今纳夫普利是阿尔戈斯地区的首府，两座昔日居高临下捍卫城市的要塞，至今依旧坚固、险峻，成为当地著名的地标。

纳夫普利交通

如何到达——巴士

从雅典的基菲苏巴士站每天有十几班巴士前往纳夫普利，平均每小时就有 1 班车，车程约 2 小时 30 分钟，平均每 30 ~ 60 分钟就有 1 班车。另外纳夫普利与阿尔戈斯（Argos）之间平均每 30 分钟就有 1 班车往来。纳夫普利的巴士站就位于帕拉米迪要塞入口附近，邻近旅游服务中心，可以步行方式前往宪法广场所在的旧市区。

市区交通

纳夫普利是座小镇，景点之间可以步行方式前往。

旅游咨询

市立旅游服务中心

位于 25 Martiou 路与帕拉米迪要塞入口的转角

27520-24444

周一至周五 9:00-13:00、17:00-20:00

精华景点

帕拉米迪要塞
(Palamidi/Παλαμήδι)

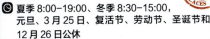

从巴士总站步行前往约 20 分钟
27520-28036
夏季 8:00-19:00、冬季 8:30-15:00，元旦、3 月 25 日、复活节、劳动节、圣诞节和 12 月 26 日公休
4 欧元

MUST-VISIT 必游之地 PLACES

耸立于一座高达 216 米山丘顶端的帕拉米迪要塞，是搭乘巴士抵达纳夫普利的游客对这座城市留下的最初也最深刻的印象。位于旧城的东南方，帕拉米迪要塞以纳夫普利当地最著名且聪明的传奇人物命名，据说帕拉米迪曾发明骰子、灯塔和测量秤，最后因奥德赛捏造他变节而被希腊人杀死于特洛伊。

沿着陡峭的山坡上行，爬上约 1 000 级的阶梯，才能深入要塞的围墙，在它坚固的围墙内共有三座独立的碉堡。这项庞大的建筑全由威尼斯人兴建于 1711—1744 年间，也因此在许多道城门上可以看见圣马克雄狮（The Lion of St. Mark）的标志，至于各个碉堡之间也有密道、回廊彼此相通。

打从 1715 年开始，帕拉米迪要塞落入土耳其人手中，而它也成为希腊独立运动的主战场，领导独立运动的英雄人物塞奥多罗斯·科洛科特罗尼斯（The Odoros Kolokotronis）在被土耳其人攻下要塞前，曾死守该地长达 15 个月，可见该要塞之坚固。不过讽刺的是，就在

1822年希腊宣布独立，帕拉米迪要塞重回希腊怀抱之后，位于中央的圣尼古拉（San Niccolo）碉堡反倒成为科洛科特罗尼斯（Kolokotronis）的监狱。这位元帅为了不让自己的权力受到限制而绑架了4位议员，使他们成为自己参与打造的希腊新政府的阶下囚。

尽管要塞看起来高得惊人，且前往该地的坡度陡峭难行，不过沿途的景观却美得令人屏息。海拔越高，视野越辽阔，市区内红色屋顶的白色小屋，犹如积木般密密麻麻地朝岸边延伸，本市另一座位于旧城区的城堡遗迹——阿克罗纳普利亚（Acronauplia）也在眼前展现出它的面貌。这座原本由希腊人兴建的城堡，被威尼斯人改建成纳夫普利的防御工事，后来也曾被改成监狱，如今成为纳夫普利王宫饭店（Nafplia Palace Hotel）的腹地。虽然往来帕拉米迪要塞辛苦且费时，不过游客还是乐此不疲，如果来到纳夫普利却没有登上帕拉米迪要塞，就像前往雅典但没有去过卫城一般。

宪法广场
(Plateia Syntagma/Πλατεία Συντάγματος)

星级推荐

- Plateia Syntagma
- 从巴士总站步行前往约 6 分钟
- 全天
- 免费

宪法广场是纳夫普利的旧城中心，四周林立着咖啡馆和餐厅，此外考古学博物馆与希腊国家银行（National Bank of Greece）也隔着广场对望。从巴士总站可以沿着阿马利阿斯（Amalias）大道或 Vasileos Konstantinou 路抵达宪法广场，这两条路同时也是当地最主要的商业区，各式各样的商店林立两旁，此外沿途分出的小巷弄中，还隐藏着多家独具风情的小咖啡馆或餐厅，随意穿行其中，便是体验纳夫普利旧城的最佳方式。

考古博物馆
(The Archeological Museum/Αρχαιολογικό Μουσείο)

星级推荐

- Plateia Syntagma
- 从巴士总站步行前往约 7 分钟
- 27520-27502
- 周二至周日 8:30-15:00，周一、元旦、3 月 25 日、复活节、劳动节、圣诞节和 12 月 26 日公休
- 全票 2 欧元、优惠票 1 欧元

在宪法广场西侧，有一栋落成于 1713 年的威尼斯式建筑，就是考古博物馆。历经 5 年的整修，博物馆终于挥别昔日仓库般的旧貌，有了宽敞且明亮的展示空间。博物馆中展出从新石器到基督教时代与当地生活相关的物品，包括陶器、珠宝、盔甲与青铜饰品等，其中又以出土于迈锡尼的青铜盔甲和赤陶土偶像和大约出现于公元前 1400 年的登德拉（Dendra）铁甲，以及来自梯林斯经修复后的湿壁画最引人注目。

波尔特基要塞 (Bourtzi/Μπούρτζι)

必游之地 MUST-VISIT PLACES

- 位于纳夫普利翁海港中
- 从港口搭乘小船前往约 20 分钟
- 船费往返约 6 欧元

从帕拉米迪要塞上可以看见在纳夫普利西北方有一座小岛，岛上耸立着一座造型可爱的迷你碉堡，这座经常出现于当地明信片中的建筑，就位于纳夫普利的港口外。名称来自土耳其语“塔楼”的波尔特基要塞，于1473年时由威尼斯人兴建，主要用来控制前往本市和阿尔戈利斯湾的运输线。不过到了近代，它多次变更用途，19世纪时，一度成为退休国家刽子手的住所，20世纪初，更成为一家迷你的奢华旅馆。希腊演员兼政客玛丽娜·墨蔻莉（Melina Mercouri）曾经在她的自传中提到，自己的首次婚礼就是在这座小要塞中举行。

梯林斯 (Tiryns/Τίρυνθα)

- 可搭乘往来于阿尔戈斯和纳夫普利间的巴士，巴士平均每 30 分钟 1 班，从纳夫普利前往车程约 10 分钟
- 27520-22657
- 夏季 8:30-17:00，冬季 8:30-15:00
- 全票 3 欧元、优惠票 2 欧元，11 月至次年 3 月的周日和部分特殊假期免费
- odysseus.culture.gr

梯林斯遗址位于纳夫普利通往阿尔戈斯途中，距离纳夫普利5千米远，这座以巨岩打造的城市，曾让诗人荷马大为震惊，即使过了几千年，它庞大的遗迹仍令游客印象深刻。

该地发展得很早，在公元前5000年的新石器时代就已出现人类活动，在青铜时代便有许多证据显示，当地存在大量体积庞大的圆形建筑。不过梯林斯的盛世，出现在公元前14—公元前12世纪之

间，今日所见的遗迹也大多建造于这段时间。许多考古学家认为，梯林斯过去是强大的迈锡尼王国附近的友好城邦，但也有人认为在过去平原并未淤积成形时，临海的梯林斯其实是迈锡尼的港口。

无论如何，这座城市千真万确地存在，它那环绕上、中、下层堡垒的城墙，落成于公元前 13 世纪末，总长达 750 米，城墙厚度更在 4.5 ～ 7 米之间，是以一块块非常庞大的石头堆砌而成，后来的希腊人认为只有神话中的独眼巨人基克洛普斯（Cyclops），才有能力搬动这些重达 13 吨的红石灰岩块，因此诞生了巨石（cyclopean）文明的字眼，而这些如今高度仅剩过去一半的城墙，9 米高的模样还是让人惊叹。

位于城墙内的宫殿如今只剩下石灰岩地基，不过多少可推测出过去的结构。这些宫殿的墙壁以晒干的砖块为材质，并且装饰着色彩缤纷的壁画，部分保留下来的遗迹，如今在纳夫普利的考古博物馆中展出，包括《贵族妇女》和《狩猎公猪》等，至于大厅部分依稀可见圆形的炉床以及传说中的宝座底座，在此地发现的《仕女驾马车》壁画，现在被收藏于雅典的国家考古博物馆。另外在前院部分，有一座围绕廊柱的宽敞中庭，中央坐落着一块圆形的祭坛。

住在纳夫普利

纳夫普利阿玛利亚酒店
Amalia Hotel Nafplio
★★★★

Amalias st., N.Tiryns,Nafplio
可搭乘往来于阿尔戈斯和纳夫普利间的巴士，巴士平均每 30 分钟 1 班车，从纳夫普利前往车程约 5 分钟
2752-024400
www.amaliahotelnafplio.gr

酒店位于纳夫普利的郊区，附近林立的农舍，让这家四星级饭店有种遗世独立的味道。纳夫普利阿玛利亚酒店是当地数一数二的大型酒店，在这栋新古典主义风格的建筑中，有 170 间宽敞的客房，各自面对着不同的庭院或花园，享受着不同的景观。它洋溢着复古、奢华气息的大厅，能欣赏远方的帕拉米迪要塞和海洋。此外，户外游泳池和露天咖啡座，更带给房客悠闲的度假心情。由于介于纳夫普利和梯林斯之间，纳夫普利阿玛利亚酒店可以步行方式前往梯林斯参观，只需 15 ~ 20 分钟。

纳夫普利翁宫殿酒店及别墅 ★★★★★
Nafplia Palace Hotel & Villas

Akronafplia Nafplio Peloponnese
nafpliapalace.gr

纳夫普利翁宫殿酒店及别墅是纳夫普利中心的著名酒店，有 51 间客房和 33 间独栋别墅。为了让客人住得舒心，酒店内提供了室外游泳池和酒吧等娱乐性施设。此外，该五星级酒店还提供免费自助式早餐。

艾特马酒店 ★★★★
Aetoma Hotel

2 Sq. San. Spiridon, Nafplio
2752-027373
www.aetoma.gr/penslon_nafplio_en.html

艾特马酒店位于纳夫普利旧城区的中心，该酒店的建筑是一栋 18 世纪的古宅。酒店客房内装饰十分考究，有一些艺术品和手工地毯作为点缀。

每间客房内均有空调、平板电视、冰箱等设施。此外，酒店还为客人提供免费 Wi-Fi 服务。

伊利安酒店 ★★★★
Ilion Hotel

4 Ethimiopoulou & 6 Kapodistriou St.
2752-025114
ilionhotel.gr

伊利安酒店位于市中心，是一座历史悠久的建筑，始建于 1620 年。这座四星级酒店邻近孔姆伯洛伊博物馆（Komboloi Museum）、宪法广场和纳夫普利考古博物馆（Archaeological Museum of Nafplio）等景点。

那菲斯美顿酒店
Nafsimedon Hotel ★★★★

Sideras Merarxias 9，Nafplio
2752-025060
www.nafsimedon.gr

那菲斯美顿酒店位于纳夫普利市中心，酒店周边有很多景点，步行可以到达科洛科特罗尼斯公园（Kolokotronis Park）、纳夫普利港、纳夫普利国家画廊（Nafplio National Gallery）以及战争博物馆。酒店内提供免费的自助早餐以及公共区域内的免费上网。

佩西恩达芬尼酒店
Pension Dafni ★★★★

10 Fotomara, Nafplio
2752-029856
www.pensiondafni.gr/en

佩西恩达芬尼酒店地理位置良好，位于纳夫普利的老城区，邻近帕拉米迪城堡（Palamidi Fortress）、阿尔瓦尼蒂亚海滩（Arvanitia Beach）。酒店周边有很多餐厅和酒吧，从中央巴士站步行至酒店约 5 分钟。酒店的服务人员非常热情，会为客人提供旅游信息和汽车租赁服务。

阿纳恩公寓 ★★★★
Aenaon Apartments

Agias Monis & Agias Paraskevis，Nafplion
2752-400291
www.aenaonrooms.gr/nafplio_rooms_en.html

阿纳恩公寓与梯林斯相距不过几步之遥。距离纳夫普利市中心约 10 分钟车程。酒店内有 21 间舒适宽敞的双人房，客房内设有电视、免费 Wi-Fi 、浴室、空调、阳台等。

迪亚斯酒店
Dias Hotel ★★★★

Papanikolaou & Moutzouridou St., Nafplio
2752-022276
www.dias-hotel.com

艾琳娜酒店
Hotel Elena ★★

Sidiras Merarchias 17, Nafplio
2752-023217
www.hotel-elena.gr/en

埃皮达鲁斯

今日以露天剧场上演古典戏剧之庆典闻名的埃皮达鲁斯，最初其实是因医疗胜地之名而享誉希腊！

公元前 6 世纪时，医神阿斯克勒庇俄斯（Asclepius）的信仰在当地蔚为流传，许多信徒纷纷来到传说中的医神诞生地，希望能被神力治愈。到了公元前 4 世纪时，埃皮达鲁斯盛极一时，成为古代最著名的医疗中心，不远千里而来的病患，在当地的医疗室中休息，希望医神能在他们的睡梦之中，指点正确的医疗方式。

有趣的是，埃皮达鲁斯除神庙和大量住宿设施外，还建造了浴场、剧场甚至运动场等建筑，从遗迹的各种功能来推断，古希腊人早已发现心理的医疗与身体医疗一样重要。据说剧场的出现，也是为了让病人能通过欣赏戏剧、音乐获得身心的放松，以此增强疗效。

埃皮达鲁斯交通

如何到达——巴士

从雅典的基菲苏巴士站每天有 2 ~ 3 班巴士前往附近的利勾里昂（Ligourio）镇，车程约 2 小时 30 分钟。至于从纳夫普利出发的巴士，经利勾里昂镇抵达埃皮达鲁斯，车程约 45 分钟，每天 3 ~ 5 班。

利勾里昂镇距离埃皮达鲁斯约 3 千米远。如果搭乘从纳夫普利出发的巴士，则可在埃皮达鲁斯遗址附近下车。

市区交通

埃皮达鲁斯遗址分布于一座山谷里，景点彼此相连，大剧场距离最远，只能以步行方式往来参观。

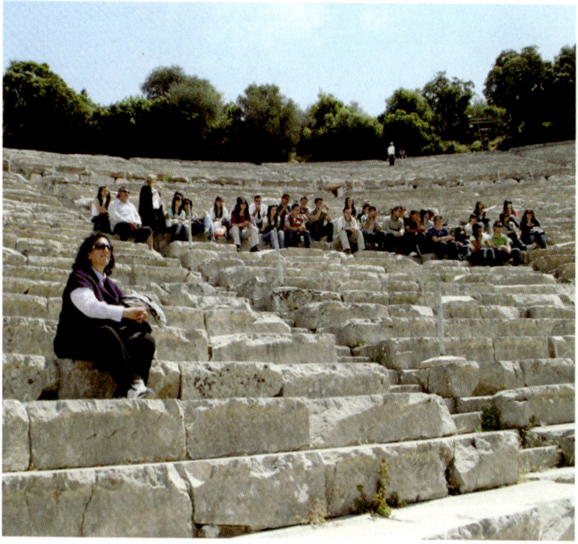

精华景点

埃皮达鲁斯遗址 (Arhera Epidavros/ Αρχαια Έπίδαυρος)

☎ 27530-22587

遗迹和大剧院：夏天 8:00-19:30、冬天 8:00-17:00；博物馆：夏天周一 12:00-19:00、周二至周日 8:00-19:00，冬天周一 12:00-17:00、周二至周日 8:00-17:00

¥ 6 欧元

MUST-VISIT 必游之地 PLACES

埃皮达鲁斯遗址位于纳夫普利东北方约 30 千米处，从公元前 4 世纪开始，这里就成为祭祀医神阿斯克勒庇俄斯的圣地，同时也是希腊著名的医疗中心，前来当地接受治疗的病患如泉水般涌入，使得当地蓬勃发展。一直到公元 87 年时遭罗马东征统帅苏拉（Sulla）将军掠夺为止，此地已形成令人难以想象的规模，即使日后多番遭到海盗和哥特人洗劫与破坏，甚至在基督教传入当地之后，这处希腊医神的圣域在公元 5 世纪中叶，依旧是著名的医疗胜地。

大剧场 Theatre

埃皮达鲁斯遗址当中保存得最完整的，就是这座

巨大的半圆形剧场，最早建造于公元前4世纪，可容纳14 000名观众，原本的用途是在4年一度的祭典中，以表演戏剧来娱乐医神。这里的音响效果非常高明，站在剧场中央说话，声音可上传到最顶层的座位间。现在大剧院成了每年夏天举办的埃皮达鲁斯庆典的表演场地，不过即使在其他时间来这里，仍然会遇上许多团体游客在剧场中央高歌合唱，非常有趣。

博物馆 Museum

遗址中保存较完整的廊柱、雕像等都存放在博物馆当中。其中，可以看到许多尊医神阿斯克勒庇俄斯的雕像，手中的木杖上缠绕着巨蟒，据说巨蟒是医神的使者，因此在古代治疗疾病的方法中，有一项就是让蛇的舌头舔舐一下伤处。

在神话中，阿斯克勒庇俄斯是太阳神阿波罗与科洛尼斯（Coronis）的儿子。听信谗言怀疑科洛尼斯贞洁的阿波罗，将怀有身孕的情人丢入燃烧烈焰的柴火中。阿波罗事后深感懊悔，奋力抢救孩子，并将他托付给半人半马的喀戎（Chiron）教育，而阿斯克勒庇俄斯日后也成为医药之神。

客房宿舍 Katagogeion

遗址现场仍可看到一格一格的墙基，这是当时用来收容病患，或是祭典时让远来观众住宿的场所。埃皮达鲁斯的医疗观念，可以说是现代 SPA 医疗的先驱，病患会住在当地几天甚至几周，每天接受沐浴、催眠、按摩、草药治疗等。

剧院与运动场 Theatre and Sports Field

在古希腊时期，埃皮达鲁斯每 4 年会举办一次祭祀医神的祭典，在祭典当中，来自各地的信徒、还愿者会表演戏剧及各种体能竞赛。这座剧院依照建筑形式的残骸推测为罗马人所造，现在已成乱石一片，而长椭圆形的运动场倒保持得相当完整。

诊疗室 Abaton

位在阿斯克勒庇俄斯神庙旁边的遗址是从前的诊疗室。传说，神职人员会在这里与病患谈话，类似现代的心理治疗，然后让病人躺在医疗室里睡觉，在梦中与神交谈，在这里做的梦会成为以后医疗的指示。

斯巴达

斯巴达于公元前 650 年崛起，它强大的军事力量，使它在波希战争中扮演着希腊联合势力中的主要领导人角色，到了公元前 431—公元前 404 年，它又成为伯罗奔尼撒战争中雅典的首要敌人。一直到公元前 371 年，在被底比斯人（Thebes）于留克特拉战役（Battle of Leuctra）中打败后，斯巴达丧失了它在希腊举足轻重的地位，不过依旧保持独立，直到公元前 146 年罗马人统治希腊。

昔日等同勇士代名词的城邦国家，如今却是一座幽静祥和的小镇，今日的斯巴达街道规划整齐且绿化优美，让人几乎无法将这样的景象和它过去的历史联系在一起。市区景点不多，仅留考古博物馆、卫城地基与剧场遗迹，不过许多前往米斯特拉斯的游客都会选择在此住一夜。

斯巴达交通

如何到达——巴士

从雅典的基菲苏巴士站每天约有 10 班车前往斯巴达，车程约 4 小时，另外该巴士也会停靠科林斯附近的伊斯米亚（Isthmia），由此前往斯巴达，车程约 2 小时 30 分钟。长途巴士站距离市中心市政厅所在的主要广场约 600 米，步行前往约 12 分钟。

市区交通

斯巴达不大，所有景点均可以步行方式参观。

精华景点

斯巴达遗迹 (Ancient Sparta/Αρχαία Σπάρτη)

从市政厅广场步行前往约 20 分钟
24 小时
免费

必游之地 MUST-VISIT PLACES

尽管曾经在古希腊军事历史上扮演过共主般的角色，盛极一时的斯巴达却没留下多少古迹，如今只在市区北边的山丘上，错落着昔日卫城残缺不全的地基与勉强可辨识其轮廓的剧场。

从列奥尼达（Leonidas）将军雕像旁的小径绕过体育场上山，穿梭于一片橄榄园中，起初只能看见部分石柱与基座，直到走上最高处，也就是昔日卫城的所在地，往下眺望，便能看见分布在山坡上的剧场，即使建筑结构七零八落，依旧可以看出当时壮观的景象，尤其是背景中的橄榄园、民房、远方山顶积雪的高山和蓝天，勾勒出相当美的景观。关于剧场的历史难以追溯，可以推测的是它在后来成为一座采石场，原先的石材出现于斯巴达帝国衰败后的城墙建筑，以及附近米斯特拉斯的拜占庭建筑上。

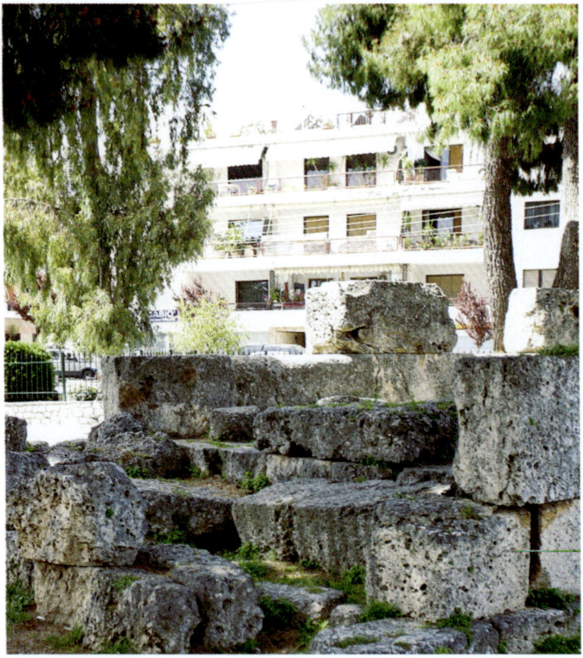

列奥尼达王圣殿
(Leonidaeon/Λεωνlδαίο)

从市政厅广场步行前往约 15 分钟
24 小时
免费

名字意思为“猛狮之子”的列奥尼达，是斯巴达国王阿拿克散德里德二世（Anaxandridas Ⅱ）的儿子，被认为是赫拉克勒斯的后代，因此拥有过人的力量与勇气。这位民族英雄兼国王有着最为人津津乐道的功绩，在公元前 480 年时，他率领 300 名斯巴达勇士，在温泉关抵抗人数远远超过希腊联军的波斯军队，虽然最后他们全数壮烈牺牲，却为雅典海军争取到与波斯军队对抗的准备时间。

如今在斯巴达除了可以看见耸立于体育场前方的列奥尼达青铜雕像外，在遗迹区不远处还有一座列奥尼达王圣殿，据说里头长眠着这位英雄的遗骨，从它四方的外形来看或许是座神殿，可能取材自桥梁的大块石头建筑，令人联想到罗马要塞。

考古博物馆

(Archaeological Museum/ Αρχαιολογικό Μουσείο)

星级推荐

- T.K.23100
- 从市政厅广场步行前往约 5 分钟
- 27310-21516
- 周二至周五、周日 8:30-15:00，周六 9:30-14:30，周一公休
- 全票 2 欧元、优惠票 1 欧元
- odysseus.culture.gr

创立于 1874 年，坐落于庭院中的斯巴达考古博物馆，其建筑出自希腊建筑师卡察罗斯（Katsaros）的设计。20 世纪 30 年代，博物馆增设了两间展览室，让展出的文物更加丰富。

该考古博物馆中的展品，横跨新石器时代到罗马时期，以斯巴达和附近地区出土的文物为主，其中大部分是从月亮女神圣域以及斯巴达卫城中的发现。在月亮女神圣域中，有许多以象牙、石头或是黏土制成的雕像及器皿，它们大多是供品或是还愿物，可见昔日圣域拥有大量信众。此外，复制自木头原件的黏土面具，则是圣域举行仪式时使用的祭祀用品。至于卫城方面，除了浮雕外，又以列奥尼达王像最为著名，成为该市的象征。另外还有部分出自当地昔日豪宅的马赛克镶嵌地板，其中一幅以特洛伊战争中的传说英雄阿喀琉斯的半身像为主题。

米斯特拉斯

在斯巴达西南方大约 5 ~ 6 千米处，有一座中世纪城市遗迹，至今仍保留昔日的面貌，静静地隐藏于泰格多斯（Taygetos）山绿意盎然的陡峭斜坡中。

米斯特拉斯最初是法兰克人兴建的要塞，后来成为十字军东征中拜占庭保卫伯罗奔尼撒对抗土耳其人的主力城市。1249 年时，来自法国北部的威廉二世・威列哈督因（William Ⅱ Villehardouin）攻下米斯特拉斯，开始在当时这片无人居住的土地上兴建城堡与殖民地。到了 1261 年以后，拜占庭帝国将其收复，并且由皇帝的亲属直接统治。到了公元 14—15 世纪，这里更成为东罗马帝国地方总督的根据地，也因此发展到巅峰，不但贵族宫殿林立，独具特色的教堂更是彼此争奇斗艳。此外，这里还是拜占庭帝国最后的学术中心，许多文人、学者定居此地，其中包括新柏拉图主义者（Neoplatonist）兼哲学家盖米斯托・柏莱图（George Gemistos Plethon），他不但将柏拉图的思想传入西欧，同时也是带领希腊学习西欧的先锋之一。

米斯特拉斯交通

如何到达——巴士

从斯巴达的长途巴士总站有巴士前往米斯特拉斯村，视季节和平日或假日每天有 5 ~ 10 班，车程约 20 分钟，不过巴士班次经常改变，最好和附近商家一再询问确认。搭乘巴士时记得跟司机说“Castle”（城堡），巴士停靠处为下方入口下的餐厅停车场。从下车餐厅步行前往下方入口约 10 分钟，可跟随车道绕山前进，或从山坡上的上山捷径前往。

注意事项

探访米斯特拉斯遗迹大约需要半天的时间，遗迹内没有餐厅或洗手间，因此别忘了携带饮用水和零食，以半途补充体力，洗手间位于下方入口售票处旁，以一道往下的阶梯连接。

米斯特拉斯遗迹散布于整座山上，如果能从上方入口进入，除城堡为上坡路外，其他宫殿和教堂都能以下坡方式参观，比较轻松。如果是没有开车的游客，通常都会从下方入口进入，那么全程上上下下的山路无法避免，要做好心理准备。体能不佳或时间不够的游客，不妨仅参观位于下城的教堂与修道院。

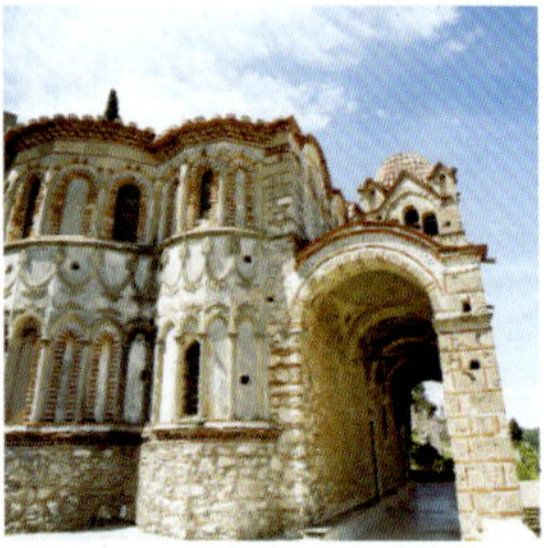

精华景点

米斯特拉斯遗迹 (Ancient Mystra/ Αρχαία Μυστράς)

从巴士站步行前往约 10 分钟
27310-93377
夏季 8:30-15:00，冬季 8:30-19:00
5 欧元

MUST-VISIT PLACES 必游之地

沿着塔格图斯（Taygetos）山坡分布，曾经盛极一时的米斯特拉斯，如今是座无人居住的废墟，也是一处展现拜占庭文化的“露天博物馆”，在 1989 年时被联合国教科文组织列入《世界遗产名录》。该遗迹共分为两个部分，由山顶往山下分别为城堡和宫殿群所在的上城，以及汇聚了教堂与修道院的下城。

米斯特拉斯的兴起和斯巴达密不可分，甚至可说“成也斯巴达，败也斯巴达”，原因在于 13 世纪中叶，由于斯巴达没落，法兰克人于是在附近另辟城镇与修筑城堡，为此地打下初步的根基。而后米斯特拉斯一路在拜占庭、土耳其和威尼斯人的统治下不断发展，17 世纪时一度因为蚕丝业发达，人口居然高达 4 万人。希腊独立战争后，米斯特拉斯重回希腊怀抱，不过 1825 年的一场大火，烧毁了当地的房舍，也烧去了该镇的重要性，1831 年时奥托一世国王决定新建斯巴达城，于是米斯特拉斯从此遭到废弃。

迪米特里欧斯教堂 Ayios Dimitrios

被昵称为“中心”(Metropolis) 的迪米特里欧斯教堂，在米斯特拉斯被拜占庭帝国降伏不久后兴建，大约出现于 13 世纪中叶。不过教堂今日模样已有别于最初设计，15 世纪一位名为马修（Matthew）的主教，将其改建为拥有 5 座圆顶，下层为长方形会堂，上层为十字形的混合式建筑。该教堂的湿壁画相当值得一看，融合了多种技巧与艺术潮流，大致出现于 13—14 世纪上半叶。该教堂是献给迪米特里欧斯的，北面侧廊墙壁上彩绘着这位殉道者的生平与事迹，南面侧廊叙述了圣母出生、结婚等一生中重要的 5 个场景，另外在教堂前厅还有多幅《最后的审判》的壁画。

博物馆 Museum

博物馆位于迪米特里欧斯教堂的附属建筑中，里头展示着斯巴达和米斯特拉斯的文物，包括雕刻、青铜饰品与珠宝、手抄本和传统服装等。

艾凡杰利斯特里亚教堂 Evangelistria

这间优雅的小教堂造型类似圣索菲亚大教堂，为双柱式十字形结构，装饰中的雕刻风格统一。教堂装饰应是从教堂初建就有，并且保存至今，这点在米斯特拉斯相当罕见。教堂内部的壁画能追溯到 14—15 世纪，包括高级教士圣・波利卡尔波斯（St. Polykarpos）的肖像。

德奥多罗伊教堂 Ayioi Theodoroi

身为米斯特拉斯最古老的十字教堂，德奥多罗伊兴建于 13 世纪末，是拜占庭时期重要的建筑，许多贵族以及教会职员均长眠于此。教堂内的壁画大部分受损严重，但依稀能看见某些下葬于此的贵族肖像。

霍迪集特里亚教堂 Hodigitria (Aphentiko)

霍迪集特里亚教堂和德奥多罗伊教堂昔日共为维诺多奇翁修道院 (Monastery of Vrondochion) 的一部分，该教堂结构和迪米特里欧斯教堂一样，同为长方形会堂和十字教堂的混合式建筑，除建筑宏伟外，内部杰出的湿壁画是它最大的特色。壁画作于 1312—1322 年间，其中部分还渗透着君士坦丁堡的艺术风格。西侧拱顶中的《圣母与先知》、教堂半圆形室中的高级教士肖像以及教堂前厅的《耶稣的奇迹》等，都相当出色。

尼古拉斯教堂 Ayios Nikolaos

在奥斯曼土耳其帝国统治当地的后拜占庭帝国时期，拜占庭艺术发展受到限制，然而教堂需要容纳更多信徒，尼古拉斯教堂就是在这种情况下兴建的。此时期最受艺术家喜爱的壁画主题多与殉道者有关，在该教堂中可以看见一幅眉头紧皱且双手钉有钉子的耶稣像。

圣索菲亚大教堂 Ayia Sophia

和其他教堂不同，圣索菲亚大教堂坐落于上城，在王宫的上方，它是昔日的王宫教堂，也是一座小修道院式的大教堂。该教堂建筑和其他米斯特拉斯的教堂结构大不相同，相较之下显得简朴也简单得多。这座拥有圆顶主殿、钟楼的多角式教堂，内部空间则显得分外狭窄且高挑。教堂的装饰雕刻保存情况并不好，不过仍可在柱头或双头老鹰头上看见以创作者的名字缩写设计的押花字。至于壁画方面，圣殿上有一幅大型耶稣像，拱顶描绘耶稣升天，十字拱顶则分别叙述了盛宴与耶稣受难等主题。

潘塔娜沙修道院 Pantanassa

不同于其他位于米斯特拉斯的教堂，潘塔娜沙修道院不仅是保存状况最好，同时也是目前仍有修女长驻的教堂，因此参观时必须特别注意礼仪，不要穿背心或短裤等不合时宜的服装进入。潘塔娜沙修道院兴建于1428年，它以霍迪集特里亚教堂为建筑蓝图，然而在装饰细节上却吸收了哥特式风格，壁画则模仿霍迪集特里亚教堂和佩利伯列托斯修道院。十字翼廊和上层的壁画保存状况极佳，至于下层绘于17—18世纪的壁画则受损情况比较严重，在西北面和南面的墙壁上描绘出自《圣母颂》（*Akathist Hymn*）的24个诗节以及许多圣人，位于教堂前厅的则多为殉道者。圣殿的《圣母像》与其拱顶的《耶稣升天》、南侧半圆形室的《耶稣诞生》以及东侧廊的《进入圣城耶路撒冷》等，都是非常精彩的作品。

佩利伯列托斯修道院 Peribleptos

背倚岩壁，从侧前厅门上的押花字推测，佩利伯列托斯修道院应为一对贵族夫妇所建。修道院前方有两座突出的小礼拜堂，形成非常可爱的景象。教堂内的湿壁

画充满诗意，用色细腻且构图精致，无论是西侧廊的《耶稣诞生》、北侧廊的《浸礼》、北侧的《圣母长眠》，还是南墙的《施洗者约翰》等，都能感受到绘画者的情感流动。

王宫 Palaces

王宫位于上城的一座平台上，这座庞大的建筑群是历经 13—15 世纪不断扩建的结果，它们以宝座厅为主，两道侧翼几乎以直角相交，中央围出一座可聚集群众的广场。王宫如今只剩下建筑结构，内部已经没有任何东西了。

城堡 Kastro

1249 年，法兰克人在这座高 600 米的山丘上兴建了首座要塞，随着日后统治者的扩充，形成一座曾经非常坚固的要塞。不过如今城堡本身徒留遗迹，能提供给游客的是千百年不变的辽阔视野，即使下方景物早已物换星移，然而米斯特拉斯整个区域却像模型般，呈现于观赏者的眼前。

莫奈姆瓦夏

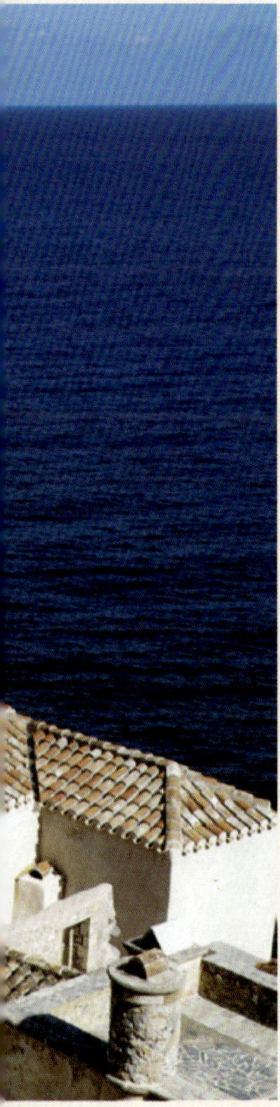

和斯巴达同样位于拉科尼亚地区（Laconia），莫奈姆瓦夏像一枚小叶子，漂浮于伯罗奔尼撒东面的海岸上。这座岛很小，面积甚至不到 1 000 平方千米，只以一条长约几百米的堤道连着半岛和本岛。岛上盘踞着一座高出海平面 100 米的小山丘，就像一顶大帽子盖住整座岛，上方耸立着中世纪要塞遗迹，整座旧城围绕着一道厚实的城墙，也因此使它赢得“东方的直布罗陀”以及“磐石”等昵称。事实上，莫奈姆瓦夏的名称也和城墙有关，衍生自两个希腊单字：“Mone”和“Emvasia”，意指“单一入口”。

由于这座小岛基本上是座岩山，所以城市兴建于俯瞰莫奈姆瓦夏湾的东南坡，城内街道狭窄，且为迁就地形有些部分甚至相当崎岖，不过石头砌成的房舍与街道、外观略显斑驳的建筑，以及雪白的拜占庭教堂……让这座小镇充满迷人的个性与风情，深受游客喜爱。

莫奈姆瓦夏交通

如何到达——巴士

从雅典的基菲苏巴士站每天有两种巴士前往莫奈姆瓦夏，直达巴士每天只有 1 班，而经斯巴达的巴士，每天约有 3 班，中途必须换车，从雅典出发需 6 ~ 7 小时，从斯巴达出发也需要 2 ~ 3 小时。巴士站位于新市区 Gefyra，不过就在通往莫奈姆瓦夏的桥旁边，步行前往旧城约需 25 分钟的时间。

景区交通

莫奈姆瓦夏旧城内不开放汽车通行，只能以徒步方式参观。

精华景点

城门与城墙 (Gate & Fortress)

从巴士站步行前往城门约 25 分钟，也可以搭乘巴士前往

星级推荐

公元 6 世纪时，希腊受到斯拉夫人等外族入侵，于是包括斯巴达等的伯罗奔尼撒人，纷纷移居莫奈姆瓦夏避难，这些人将房屋和教堂盖在岩山间陡峭狭窄的巷弄里，并且建起一道非常厚实的城墙。

莫奈姆瓦夏在 10 世纪时因海上贸易而崛起，它在威尼斯人统治期间发展壮大，整座城市由位居山顶的城堡控制，一道从山顶向下延伸至滨海地区的城墙，以三面紧紧围绕，经威尼斯人的整修而更加牢固。如今，要进入这座城市，和千百年前一样，必须经过唯一的入口——西门，此门虽小且看来并不起眼，但它后方延伸不断爬升的城墙，却给人留下深刻印象。此外，门内通道呈直角转弯，应是基于战略安全的考量而设计。

下城
(Lower Village)

🚌 从西门进入后就抵达下城
● 考古博物馆

Platia Dzamiou

27320-61403

周二至周日 8:00-15:00，周一、元旦、3月25日、复活节、劳动节、圣诞节和 12 月 26 日公休

¥ 免费

MUST-VISIT 必游之地 PLACES

进入城门后，就已经进入下城的范围，朝前方延伸的街道，是下城的主要街道，两旁林立着一栋栋积木般的可爱房舍，它们大多是餐厅或商店，因此门口总是装饰得令人眼花缭乱。这里的小店很有特色，手工蜡烛店、设计师饰品店，以及当地橄榄油和果酱等制品专卖店，让人忍不住每家都想进去瞧瞧。

街道通往当地的主广场——莱米乌广场（Platia Dzamiou）。“莱米乌”的意思是“清真寺”，和广场上那座原本为教堂后来改建为清真寺，如今被当成考古博物馆使用的建筑有关。博物馆的对面，坐落着 12 世纪时拜占庭人兴建的大教堂——艾克门诺斯教堂（Church of Christ Elkomenos），教堂入口的门楣上，还保存了象征拜占庭的孔雀浮雕。而位于两栋建筑间的空地，立着 18 世纪的大炮，正对着前方的海洋。拜占庭教堂是当地的特色，在威尼斯人统治时期，这座小小的旧城里，居然拥有多达 40 间的教堂。沿着广场前方的路往下走，会抵达兴建于 1703 年的圣尼古拉教堂（Church of Hagios Nikolaos）以及拥有八角形圆顶、造型奇特的克里莎菲提萨教堂（Church of the Panagia Chrysaphitissa），沿途还会经过不少保留着威尼斯风格的房舍。

上城
(Upper Town)

从西门进入后步行约 30 分钟

从莢米乌广场前行不远后，会有上、下两条岔路，往下通往圣尼古拉教堂和克里莎菲提萨教堂，另一条则往上通往上城。

向上的这条小径相当蜿蜒，最后会通往位于山顶的圣索菲亚教堂（Church of Aghia Sophia）和城堡废墟，途中一段 Z 字形的步道考验着游客的体力，不过一旦抵达位于上城的另一座城门后，展现于眼前的是另一种欣赏莫奈姆瓦夏的角度——城墙包围的下城与湛蓝海水交织出非常美丽的景观，就连来时的 Z 字形步道，伴随着两旁的绿意和缤纷的花朵，也形成非常动人的风貌。

在昔日鼎盛时期，光是在这座岩顶就居住了超过 3 万名居民，人数比今日居住于莫奈姆瓦夏的人口还多。散落于四周的断壁残垣，多为大型建筑的遗迹，而位于峭壁上的圣索菲亚教堂，是其中保存得最为完整的。这栋拜占庭式教堂由安德罗尼库斯（Andronicus）皇帝下令兴建于 12 世纪中叶，大门上装饰着孔雀雕刻，此外还点缀着大理石浮雕。该教堂在威尼斯人统治期间，一度成为天主教大教堂，在落入土耳其人手中后，墙壁漆上了石灰并被当成清真寺使用。圣索菲亚教堂的部分结构有些类似米斯特拉斯的教堂，南面都采双拱门设计，此外，这间教堂屋顶和墙壁上的瓷砖镶嵌得也很漂亮。

奥林匹亚

奥林匹亚是奥林匹克运动会的起源地，因此在这场至今仍每 4 年举办一次的盛会开始之前，象征运动会精神的圣火，都是先从奥林匹亚遗迹中的赫拉神殿点燃后，再传递到世界各地去。

古希腊人十分崇敬他们塑造出来的众神，而为了讨神明欢心，就要举行祭神庆典，与此同时，希腊人多半会举办体育竞技和文艺表演。而各种娱神竞技中，就数奥林匹亚最负盛名，因为这是为众神之王宙斯所举行的盛会。

至于希腊神话中众神的居所——奥林匹斯山，就是现在遗迹东边的克罗诺斯山，因此遗迹中有祭祀各神的神殿，其中最著名的是宙斯神殿和赫拉神殿。而位于奥林匹亚市区的奥林匹亚博物馆，则是希腊几个重量级的博物馆之一，收藏了 19 — 20 世纪间于奥林匹亚遗迹中挖掘出土的雕刻、陶器等文物。

奥林匹亚交通

如何到达——巴士

雅典的基菲苏巴士站每天有2班巴士前往奥林匹亚，车程约5小时30分钟。另外从皮尔戈斯（Pyrgos）出发的巴士，平均每45～60分钟1班，车程约30分钟。从巴士站步行约10分钟可以抵达遗迹区。

如何到达——火车

可从科林特斯搭乘火车前往，途中要在皮尔戈斯换车，车程前段约需4小时，从皮尔戈斯前往奥林匹亚约需30分钟。从火车站步行约5分钟可以抵达遗迹区。

景区交通

奥林匹亚是座小城镇，除遗迹外也无其他特殊景点，可选择步行方式参观。

精华景点

奥林匹亚遗址 (Archaeological Site of Olympia/ Αρχαιολογικός Τόπος Ολυμπίας)

从火车站或巴士站步行前往 5 ~ 10 分钟
26240-22517
8:00-19:30
奥林匹亚博物馆通用票 9 欧元

必游之地 MUST-VISIT PLACES

光从地名就能猜到此地和奥林匹克运动会的密切关系，的确，这里就是奥林匹克运动会的发源地，名列《世界遗产名录》。

奥林匹亚的古迹区隐藏在卡拉戴奥河（Kladeos）身后，有别于许多历史遗址的一片荒芜，奥林匹亚则多了一分田园诗意。踏进遗址，浓绿树丛中，一片姹紫嫣红，鸟儿在枝间跳着，唧啾有声；斑驳的神殿列柱在草丛间或立，或躺，联结古与今。

目前遗址里的建筑多半都已倒塌，最重要的建筑包括宙斯神殿、赫拉神殿、菲迪亚斯工作室、体育场与赛马场等。

宙斯神殿 Temple of Zeus

奥林匹亚与宙斯密不可分，遗址里的布局足以说明理由。在整座奥林匹亚遗址的正中央，坐落着公元前 5 世纪兴建的宙斯神殿，尽管神殿已颓圮，那些散落一地，仿如巨轮的多利克式石柱依然摄人心魄。巨大神殿里面安放的，就是曾经名列世界七大奇观之一的宙斯神像。

根据文献记载，宙斯像坐在一座厚 1 米的大理石基座上，头几乎要顶到天花板，高 13 米，由象牙雕成，并镶嵌着黄金；他的右手握着一尊双翼胜利女神像，象征奥林匹克运动会胜利，左手持着金属权杖，代表至高无上的众神之王。只可惜神像后来被掠夺到君士坦丁堡（今土耳其伊斯坦堡），并毁于公元 462 年的大火中。

赫拉神殿 Temple of Hera

这是一座建于公元前 6 世纪的多利克式神殿，也是目前遗址里保存最完整的建筑。顾名思义，神殿里崇拜的是宙斯的妻子赫拉，在希腊的诸多神殿中，这是历史最悠久的多利克式神殿之一。大名鼎鼎的赫尔墨斯怀抱小酒神的雕像，就是从这里挖掘出土的文物。

菲迪亚斯工作室 Workshop of Pheidias

根据出土的雕刻工具和刻有名字的杯子，可以判断此处是希腊伟大的雕刻家菲迪亚斯（Pheidias）工作的地方，那尊浑身装饰黄金与象牙，名列世界七大奇观的宙斯像，便是在此打造完成。

菲利普之屋 Philippeion

这座基座呈圆形，立着一圈爱奥尼亚式石柱的建筑物，主要是为了纪念公元前 338 年时马其顿（Macedon）国王菲利普（Philip，即亚历山大大帝的父亲）在凯罗尼亚之役的大胜利。在该战役中，马其顿击败了雅典和底比斯联军。

体育场与赛马场 Stadium & Hippodrome

可容纳 3 万名观众的体育场，就是当年举办体育竞技的场所。其中短跑跑道的起点到终点，距离为 120 米，裁判席至今依旧清晰可辨，只是当年那个摔跤、搏击、跳远、掷标枪铁饼、赛跑的热烈竞技场面，已由每 4 年一度的现代奥运会接替。

在体育场南面有面积更大的赛马场，不过已是一片荒烟蔓草，看不出原本的面貌。

奥林匹亚考古博物馆

(Archaeological Museum of Olympia/ Αρχαιολογικό Μουσείο Ολυμπίας)

星级推荐

位于考古遗址北边 200 米

从遗迹区步行前往约 4 分钟

26240-22544

夏天周一 12:00-19:30、周二至周日 8:00-19:30，冬天周一 10:30-17:00、周二至周日 8:30-17:00

奥林匹亚博物馆通用票 9 欧元

奥林匹亚遗址的现场只剩下颓圮的建筑，挖掘出土的文物，如今都收藏在考古博物馆里。其中的镇馆之宝，是一尊在赫拉神殿中发现的赫尔墨斯的雕像。这是公元前 4 世纪希腊雕刻家普拉克西特利斯的代表作，体态完美的众神信使赫尔墨斯，手中正怀抱着还是婴儿的酒神狄俄尼索斯。

除此之外，比较著名的展品还包括赫拉女神的头像，以及从宙斯神殿挖掘出土的三角楣饰，上方浮雕描绘了希腊神话里珀罗普斯和欧诺玛奥斯（Oinomaos）之间的战车追逐、拉庇泰人与半人马之间的打斗，以及赫拉克勒斯完成 12 件苦差的故事。

萨罗尼科斯群岛

萨罗尼科斯群岛由埃伊纳岛（Aegina）、伊卓岛（Hydra）和波罗斯岛（Poros）等岛屿构成。埃伊纳岛一直是众所瞩目的岛屿，传说中，它是爱拈花惹草的宙斯藏匿情妇埃伊纳的地方。在历史上，它的位置得天独厚、掌控萨罗尼科斯湾，很早以前就发展成一个贸易发达的岛屿，富庶的程度甚至超过雅典。在埃伊纳全盛时期建造的艾菲亚神殿，使这座小岛成为萨罗尼科斯群岛中最热门的旅游景点。

18—19 世纪之间，伊卓岛的船商经营海上贸易非常成功，造就了许多亿万富翁，1821 年在希腊展开的独立运动中，伊卓岛的富商们自己购买武器，武装整座岛以对抗入侵者。而在经历独立战争之后，伊卓岛的名气直升，成为旅游胜地。

萨罗尼科斯群岛交通

如何到达——渡轮

埃伊纳岛

从比雷埃夫斯每天都有数班渡轮前往埃伊纳岛，船程约 1 小时。除此之外每天还有多班水翼船前往埃伊纳岛，船程只需 40 分钟。埃伊纳岛码头前方有巴士站，可搭乘巴士前往艾菲亚神殿。

波罗斯岛

依季节不同，从比雷埃夫斯夏、冬两季每天都有各约 10 班或 5 班渡轮前往波罗斯岛，船程约 2 小时 15 分钟，除渡轮外也有水翼船前往波罗斯岛，船程只需 1 小时。波罗斯码头靠近波罗斯镇，可以步行方式漫游其中。

伊卓岛

从比雷埃夫斯每天都有数班水翼船前往伊卓岛，船程约 1 ~ 2 小时。伊卓岛码头位于该岛的中心伊卓城，可以步行方式游览。

注意事项

雅典的普拉卡区有不少旅行社推出埃伊纳岛、波罗斯岛和伊卓岛的一日游行程，方便游客造访这三座萨罗尼科斯群岛的小岛。

精华景点

埃伊纳岛
(Aegina [égina]/Αίγινα)

必游之地 MUST-VISIT PLACES

● 古埃伊纳考古遗迹与博物馆

- Kolóna promontary
- 从港口往西北方走，步行约 10 分钟可达
- 22970-22248
- 夏季 8:00-19:00，冬季 8:30-17:00
- 4 欧元

● 艾菲亚神殿

- 位于埃伊纳镇以东 12 千米处
- 从港口往古埃伊纳考古遗迹的方向走，会先抵达公车总站，从这里可搭乘巴士前往艾菲亚神殿，车程约 30 分钟，巴士班次大多配合船班，因此最好抵达埃伊纳镇时先搭乘巴士前往艾菲亚神殿，特别是淡季前往埃伊纳岛时，巴士班次非常少
- 22970-32398
- 11:00-13:00，17:00-21:00
- 4 欧元

位于比雷埃夫斯港西南方约 20 千米处的埃伊纳岛，由于靠近雅典，航程不到 1 小时，因此成为雅典附近体验海岛风情的最佳去处。

在历史上，埃伊纳岛有着举足轻重的地位。早在 4 000 年前就有人定居岛上，而由于其掌控萨罗尼科斯湾的地理位置，因而在公元前 7 世纪左右发展成为航海贸易重镇，富庶的程度甚至超过雅典，当时这里还是全欧

洲第一个自行铸造银币的地方，后来这种钱币还成为整个希腊世界通行的货币。

游览埃伊纳岛，从雅典搭船会停靠在岛的东部埃伊纳镇上，码头附近的巴士站就有班车前往艾菲亚神殿，若想在镇上游逛，码头边有载客马车，当然，也可以步行的方式穿梭于这座迷人的小镇。

至于码头周遭，则是埃伊纳岛上气氛最热闹的地方，港口泊满了大大小小的船只，不时还能见着刚要出发或才返航的渔船，也有从雅典载着满满一船蔬果的船只停靠港边向岛上居民销售。此外港边的 Kanzantzaki 路上林立着出售当地特产开心果、杏仁及纪念品的商店，更有成排的餐厅与咖啡馆迎接在此度假的人们，为客人提供慵懒的用餐时光。

鱼市 Fish Market

沿 Kanzantzaki 路往东南方走，就会来到当地的鱼市，尽管面积不大，充其量只是条加盖屋顶的小巷，不过摊位上陈列的海鲜非常新鲜，都是当日捕获的渔产，不仅当地人到此选购，连在岛上度假的游客也常买些鱼虾回去烹调。

在鱼市的后方横亘着一条小巷子，短短的几百米挤了好几家餐厅，尽管不如 Kanzantzaki 路上的餐厅和咖啡馆气派，但是这里的食物价格合理且美味，也算是对愿意多走几步路而没有被港边餐厅迷惑的游客的最佳奖赏。这里的餐厅每到用餐时间总是座无虚席，无论是炭烤、水煮或是油炸，也无论是鱼、虾、章鱼还是花枝，由于食材新鲜，因此即使以最简单的方式烹调，都让人口水直流，此外价格更比雅典便宜约 1/3，到这里大啖海鲜准没错。

古埃伊纳考古遗迹与博物馆 Ancient Aegina Archaelogical Site and Museum

从港口往西北方走，有一片迷人的小沙滩，许多不想前往埃伊纳岛东岸热门度假区玛莉娜（Agia Marina）的人，也可以在此晒太阳和戏水，它的景色优美，隐藏

于绿色植物中，更以古埃伊纳考古遗迹为背景。

古埃伊纳考古遗迹突出于一座称为科罗那（Kolona）的海岬上，科罗那的名称来自于“圆柱”（Column），以那根从码头就能看见的孤单石柱为名，它是昔日当地位于至高处的阿波罗神殿的遗迹，这座建造于公元前5世纪的建筑，如今只剩下部分地基供人追忆。入口旁有一间小型的博物馆，里面展出从遗迹中发现的文物，其中包括青铜时代中期受米诺斯文明影响的陶器等。

艾菲亚神殿 Temple of Aphaia

在埃伊纳岛的全盛时期，岛上兴建了一座艾菲亚神殿，从公元前490年至今，神殿规模大致维持良好，也是全希腊目前仅存最完整的多利克式建筑之一。一直以来，这座伫立于埃伊纳岛西北部山区的神殿，都被认为是用来祭祀雅典娜女神的，直到1901年德国的考古学家在这里发现了关于艾菲亚女神的叙述，才确认这座神殿的身份。

艾菲亚是克里特岛的女神，她逃离米诺斯国王的魔掌后不幸跌入海中，被渔夫救起后带到了埃伊纳岛。神殿拥有动人的景观，将雅典、苏尼翁和伯罗奔尼撒尽收眼底，一旁的迷你博物馆介绍了神殿建筑与历史，并展示了从中发现的雕像与装饰。

波罗斯岛 (Poros)

● 佐得波斯修道院

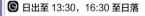

日出至 13:30，16:30 至日落

星级推荐

由于邻近欧洲大陆，萨罗尼科斯群岛一直都是雅典人周末度假的好去处，其中波罗斯以它平静的港湾和依山势而建的山城小镇，特别受希腊富商的青睐，这些有钱人通常搭乘自己的帆船航行于萨罗尼科海湾，然后停泊在波罗斯岛的港口，享受一个宁静的周末。

波罗斯岛上除了位于山丘上的波罗斯塔之外，并没有其他特别引人注目的地标，然而层层叠叠的红色砖瓦屋顶，以及从山丘上俯瞰港湾的黄昏景色，却让人迷恋不已，如果能够找到一间视野极佳的房间住一晚，绝对忘不了这里的浪漫。

佐得波斯修道院（Moni Zoodochos Pigi）是这座岛上的景点，在 Iroon 路的公车站搭乘绿色巴士（白色巴士前往各海滩），其终点站就是佐得波斯修道院。由于巴士班次不多，最好一下车就确定回程班次时间。修道院里有拜占庭时期遗留下来的壁画，进入修道院时，记得要披上门口挂着的黑袍以示敬意。

伊卓岛

(Hydra/Υδρα)

● **钟塔及拜占庭美术馆**

Clock Tower & Byzantine Museum

周二至周日 10:00-17:00

18—19 世纪之间，伊卓岛的船商经营海上贸易非常成功，造就了许多亿万富翁。现在依旧可以看到许多沿山坡而建的大型宅邸，它们全是属于伊卓岛富商们的财产，整个伊卓城也因为富商们的投资建设而显得富裕繁荣。这些富商们不只在经济上具有影响力，面临战争之时，也对国家非常有贡献。1821 年，在希腊展开的独立运动中，伊卓岛的富商们自行斥资购买武器，武装整座岛屿以对抗入侵者，甚至还有武装船舰主动出击。这些英勇的事迹直到现在还常被希腊人提起，成为津津乐道的话题，在经历独立战争之后，伊卓岛的名气直升，成为旅游胜地。

伊卓岛是个没有车子的小岛，交通运输全靠畜力，成为它最迷人的特色。许多外国艺术家、作家、导演都喜欢在这里小住寻求灵感，渡轮一开进半圆形的港湾，你立刻就能明白为何这些文艺工作者会爱上这里！

伊卓城沿着陡峭的山势而建，山丘形成一个环抱港湾的圆弧，一栋栋白色的建筑紧贴圆弧内侧层层叠叠，在房子的分布范围以外，只剩下裸露的山头。有趣的是，“Hydra”（伊卓）这个名字的原意是“水”，也就是说伊卓岛应该是个多水的岛屿，但是气候改变之后，现在的伊卓岛连一片绿地都没有了，水和食物完全靠外界供应。

伊卓岛上有许多民宿、小旅馆，价钱与雅典普拉卡区的旅馆差不多，但是环境、视野、气氛却都是雅典所无法比拟的，如果你到希腊的目的不是寻访古代遗迹而是享受浪漫，建议直接从雅典前往伊卓岛住几天。

钟塔是伊卓城最具代表性的建筑物，从船上远远就能看见它美丽的姿态，略呈粉红色的岩石被雕刻成镂空的造型，显得十分优雅，从伊卓城任何一个地方都可以看到它，俨然成为本城的精神象征。一旁位于2楼的拜占庭美术馆，格局非常小，展出的东西也不多，以宗教绘画圣像和一些主教的华丽服饰、头冠、宝座为主。

米科诺斯岛

每到夏天，米科诺斯岛就会涌进上万名游客，其中包括富商、嬉皮士、艺术家，这些人可能在海滩租一间房子，一住就是数星期。无论在岛上哪个地方停留，荷拉（Hora）都是大家绝对不会错过的地方。

在荷拉散步是一种绝妙的享受。曲折狭窄的巷弄，就像一个错综复杂的白色迷宫，蓝色屋顶窗棂点缀其间，不时见到模样可爱的猫咪、操着大嗓门闲聊的主妇、穿着工作服正重新为房子粉刷的男子、一身黑色传统服饰的老婆婆，还有在自家门前玩游戏的小女孩，呈现出一派海岛特有的闲情。每到夜晚，所有人都聚集到这里，在酒吧里徘徊、在小巷子里游荡、在餐厅里饱尝海鲜，又呈现另一派活泼热闹的气氛。

米科诺斯岛是爱琴海标准的度假岛屿，岛上5座风车是当地最著名的景观，也是游客最爱拍照的留念之地，千万别错过！

米科诺斯岛交通

如何到达——飞机

从雅典搭乘飞机前往米科诺斯岛约需40分钟，旺季每天有2～4班。米科诺斯的机场没有巴士前往，只能搭乘出租车或通过旅馆安排接机服务。

如何到达——渡轮

从比雷埃夫斯每天有约3班渡轮前往米科诺斯岛，船程约5小时30分钟，除渡轮外，夏天另有水翼船前往，船程只需3小时。米科诺斯岛码头位于荷拉北侧，可由此镇搭乘巴士前往各地。

岛上交通

米科诺斯有两个巴士站，北侧的巴士站是前往北部各区，南部的巴士站则是前往南方的区域，往天堂海滩（Paradise Beach）、普拉迪斯·亚罗斯海滩（Platys Gialos Beach）的车子都由巴士南站出发。

旅游咨询

米科诺斯并没有旅游局，但有一家住宿推荐中心，只需告知你的预算与需求，即可为你寻找到合适的旅馆。

米科诺斯住宿推荐中心

- 2F, Enoplon Dynameon 10
- 22890-23160
- 8:30-22:00
- www.mykonos-accommodation.com

精华景点

阿克蒂康巴尼路 (Akti Kambani)

就位于出租车广场旁
全天
免费

星级推荐

阿克蒂康巴尼面对着港口，延展成一条圆弧形的道路，最南端有座小巧可爱的圣尼可拉斯教堂（St. Nikolas Church），成为游客拍摄纪念照的热门景观。这条路上林立着银行、销售船票的旅行社、咖啡馆以及餐厅，而正因为面海，无论游客或当地人都非常喜欢坐在路边的露天咖啡厅里聊天、观看往来的路人或发呆。

从清晨到深夜，这条弧状道路呈现出截然不同的风貌。早上 9 点以前，出海捕鱼的渔船都已靠岸，你会看到许多头戴水手帽、留蓄胡子的渔夫坐在露天座位上吃早餐、喝咖啡或酒，对他们来说，这是结束一天工作开始享受生活的时刻。

而接近中午，当地人都回家睡午觉，外地来的游客逐渐多了起来，特别是当渡轮靠岸之后，露天座位上挤满了戴着墨镜、穿着时髦清凉、低头拼命写明信片的游客，其中有很多只在岛上停留几个小时就要离开。下午太阳照得正凶的时候，阿克蒂康巴尼显得最为空旷，只有迷失在交错纵横巷子间的游客偶尔从某条路口走出，一脸恍然大悟后，又从另一个路口钻回迷宫去。一到黄昏的时候，港湾又恢复生气，以超大音量的音乐，宣告米科诺斯岛的夜生活即将展开。

鱼市 (Fish Market)

从出租车广场步行前往约 2 分钟
9:00 以前

在阿克蒂康巴尼（Akti Kambani）路的中央，每天早上 9 点以前，渔船靠岸之后，就在这里拍卖当天新鲜的渔获，抢先来购买的大多是餐厅的厨师们，将一些大而肥美的章鱼、鲷鱼、乌贼等先挑走之后，接着才是当地居民前来采买一天三餐的食材。聚集在鱼市周围的都是当地人，游客经过整晚的嬉闹宿醉之后还没醒来，这时候来鱼市逛逛，最能感受米科诺斯岛淳朴真实的一面！

而有趣的是，米科诺斯岛上的明星——鹈鹕也准时报到，它们贴在渔夫的身边撒娇要新鲜的鱼吃，当地人不但习惯它们的存在，也非常疼惜地请它们吃小鱼。

民俗博物馆 (Folklore Museum)

星级推荐

从出租车广场步行前往约 6 分钟
22890-22591
周一至周六 17:30-20:30，周日 18:30-20:30
免费

民俗博物馆原本是一位船长的家，兴建于 18 世纪，馆内展出米科诺斯岛民传统的生活形态，包括厨房、卧室、客厅等，都按照原样呈现。

客厅展示的家具当中，有许多是船长从国外买回来的舶来品，包括雕工精美的柜子、装饰着许多珠宝的镜子……靠墙的一张长沙发则是米科诺斯岛传统的家具，在岛上的许多旅馆、民宿中，至今依旧可以见到。而墙上挂满了陶瓷盘子，大部分是罗得岛的特产，可见当时与罗得岛的交通非常频繁。

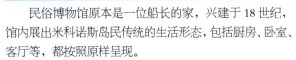

卧室里除了展示当时的床铺、女士们的衣服之外，还有一张婴儿床，你可以发现，当地人的起居室、餐厅等家人共用的空间非常宽敞，而卧室却拥挤而狭窄，这些建筑格局完全展现了米科诺斯岛民的生活形态和习惯。

有趣的是，在客厅与餐厅之间的走道上挂着几幅刺绣，图案不是美丽的花样而是希腊字母！原来在女人不能上学的年代，妇女们都是借刺绣来习字，墙上挂的就是岛上少女们的功课。

除了馆内展示精彩之外，该建筑本身也很有学问。它位于港口南侧突出海面的一块岬角上，风势特别强劲，海上视野也分外辽阔，只有船长才会选择定居于环境如此特殊的位置，因为他不但可以随时监视接近港口的任何船只，还可以借由风向的转变预知天气是否适合出海。民俗博物馆虽然小，却是认识米科诺斯岛生活原貌的最好教材！

帕拉波尔提亚尼教堂
(Paraportianí Church/ Εκκλησία Παραπορτιανή στην Χώρα.)

MUST-VISIT 必游之地 PLACES

- 从出租车广场步行前往约 8 分钟
- 开放时间不固定
- 免费

米科诺斯岛上的教堂众多，以这座教堂最为知名。纯白色的教堂衬托着港湾美景，呈现出一片祥和气氛，仿佛还停留于中世纪的宁静当中，也让住在这里的生活显得更加惬意。天气晴朗时，随手一拍，就是一张明信片般的美景照片。

小威尼斯
(Little Venice/ Η μικρή Βενετία στη Χώρα.)

MUST-VISIT PLACES 必游之地

- 从出租车广场步行前往约 10 分钟
- 全天
- 免费

荷拉西侧的弧形海湾，一幢幢房舍直接临海而建，这样的景象好似意大利水城威尼斯，于是小威尼斯就成了这里的新名字。沿着湾岸，一家家餐厅比邻而建，狭窄的走道串联其中，一旁是海，一旁就是热情招揽生意的餐厅老板，许多游客都抵挡不了在这里一边赏海景一边品佳肴的诱惑，尤其是黄昏时分，一盏盏灯火沿着湾岸亮起，更增添浪漫气息。

风车 (Windmills)

从出租车广场步行前往 10 ~ 15 分钟

必游之地 MUST-VISIT PLACES

米科诺斯岛由于海风强劲，打从很久以前，岛上居民就有建造风车来磨麦的习惯。虽然随着现代化以及旅游业的发达，大多数风车都已停止运转，但岛上仍然可以看见许多风车，尤其是小威尼斯南侧，5 座风车一字排开，白色的圆形建筑覆上稻草屋顶，构成明信片上最讨喜的画面。黄昏是这里最热闹的时刻，许多游人聚集于此，就为了等待落日自风车前方落入海面的景色。

莲娜的家 (Lena's House)

从出租车广场步行前往约 5 分钟
周一至周六 18:00-21:00，周日 17:00-19:00
免费

莲娜的家保留了 19 世纪米科诺斯岛上中产阶级家庭的模样，一进门是正方形的客厅，靠墙有一座长形的传统沙发，沙发上的刺绣、蕾丝都是当地著名的手工艺术，靠里侧有卧室、厨房等，空间非常狭窄。除了参观那些精致的家具、摆饰之外，整个房间的格局、天花板的形式、家具的功能等完全呈现传统生活形态，你可以想象在这间房子里人们怎么生活，这才是最吸引人的地方。

爱琴海海事博物馆 (Aegean Maritime Museum)

从出租车广场步行前往约 5 分钟
周二至周日 10:30-13:00，18:30-21:00
3 欧元

在莲娜的家旁有一座爱琴海海事博物馆，展出许多从爱琴海海域收集来的珍贵宝物，包括各种航海道具、模型，其中最令人神往的就是古航海地图和各种船只的模型，让人得以借此想象史前时代爱琴海商船往来的热闹景象。

波尼风车及农业博物馆 (Boni's Windmill and the Agricultural Museum)

Ano Mili
从出租车广场步行前往约 4 分钟
22890-26246
4:00-20:30
免费

坐落于小山丘上的波尼风车，是观赏米科诺斯全景的好地方，从这儿俯望，可以看到一幢幢白色的房子高低错落着，以远方的湛蓝大海为背景，蓝与白的组合，就是米科诺斯予人最鲜明的印象。

这座风车也是米科诺斯唯一对外开放参观内部的风车，在当地居民的精心维护下，完整呈现米科诺斯人运用风车的生活方式。除了风车主体，还有看守风车者的家、猪圈、户外烤箱等。走进风车里，摆放了不少农村的实用器具，也让人可以大致想象从前村民到此磨麦的种种情景。

考古博物馆 (Archaeological Museum/ Αρχαιολογικό Μουσείο)

- 从出租车广场步行前往约 8 分钟
- 22890-22325
- 周二至周日 8:30-15:00
- 2 欧元

位于港口附近的考古博物馆，是一栋有着百年历史的新古典风格建筑，内部则展示从米科诺斯岛及邻近的瑞尼亚岛（Rheneia）挖掘出土的古代文物。馆内空间划分成 5 个区，6—7 世纪的陶器、珠宝与墓石等，再现了基克拉泽斯群岛文明的特色，馆内最引人注目的藏品是位于展厅中央的巨壶，这只壶上的浮雕描绘着特洛伊战争的场景，值得细细欣赏。

米科诺斯的海滩 (Beaches)

MUST-VISIT PLACES 必游之地

● 天堂海滩

- 距离米科诺斯镇 5 千米
- 从南部巴士站乘车前往

● 超级天堂海滩

- 位于米科诺斯镇东南部约 7 千米处
- 租车前往
- 去往超级天堂海滩的道路蜿蜒起伏，路况不好，建议自驾时需要注意安全

● 普拉迪斯 · 亚罗斯海滩

- 米科诺斯镇南部
- 从南部巴士站乘车前往

让米科诺斯成为全希腊最炙手可热的旅游胜地、物价最高的度假岛屿，海滩绝对功不可没。在米科诺斯，有许许多多的海湾，自成一格的空间，再加上阳光、海水，让这一座座海湾成了一处处享乐天堂，更有许多爱好自然、不喜欢被束缚的人，在此脱去身上的衣物，恣意享受阳光的照射，“天堂海滩”之名不胫而走，也吸引了许多想一窥究竟的好奇游客。

天堂海滩 Paradise Beach

这是米科诺斯最负盛名的一座海滩，连绵的沙滩上，一张张的躺椅、遮阳伞，还有一间间的酒吧，总有许许多多的游人到此进行日光浴，尤其在午后傍晚，酒吧里

传出节奏强烈的音乐，人们忍不住跟着跳起舞来，气氛更加热络。

超级天堂海滩 Super Paradise Beach

在天堂海滩名气响亮、吸引众多游客之后，喜爱清静的游客于是另觅地点，发现了这个规模较小却更清新的海滩。

普拉迪斯·亚罗斯海滩 Platys Gialos Beach

位于米科诺斯南侧的普拉迪斯·亚罗斯海滩，是多家高级度假饭店的所在地，林立于海滩旁的是一栋栋饭店，饭店前的沙滩上，排放着躺椅、阳伞，更有服务生穿梭其间端送饮料茶水，如果累了，也可以当场按摩纾压。

住在米科诺斯岛

菲利比酒店 ★
Hotel Philippi

Kalogera 25
从出租车广场步行前往约需 7 分钟
22890-22294
www.philippihotel.com

菲利比酒店是一家位于市中心且房价便宜的旅馆，感觉有点儿像公寓，走进大门，两排 2 ~ 3 层楼的建筑围着一个开满花的中庭，呈现与外面街景截然不同的宁静世界。旅馆由家庭经营，态度非常亲切温馨，房间虽然很简单但非常干净，采光也很好。不过因为价格便宜，很容易客满。

丽城酒店 ★★★★
Belvedere Hotel

School of Fine Arts District Mykonos
22890-25122
www.belvederehotel.com

丽城酒店地理位置优越，步行可到达爱琴海海事博物馆、米科诺斯风车、考古博物馆、帕拉波尔提亚尼教堂等景点。该酒店设有 2 间餐厅、室外游泳池和 3 间酒吧；提供 24 小时健身中心、24 小时客房送餐服务和公共区域免费 Wi-Fi。

安德洛尼卡酒店 ★★★★
Andronikos Hotel

Drafaki, Mykonos
22890-24231
www.andronikos.gr

这家四星级酒店成立于 1992 年，于 2004 翻修。酒店周边有梅加利阿默斯海滩和爱琴海海事博物馆等景点，其拥有 58 间舒适的客房，每间客房都有冰箱和液晶电视等设备。安德洛尼卡酒店内设有健身俱乐部、室外游泳池和 SPA 浴缸等度假设施。

米科诺斯赛奥克塞尼亚酒店 Mykonos Theoxenia Hotel ★★★★★

Kato Mili, Mykonos
22890-22230
www.mykonostheoxenia.com

米科诺斯赛奥克塞尼亚酒店位于著名的风车旁，地理位置优越，酒店内共有 52 间客房，客房内都配备有空调、迷你吧台和带浴缸或淋浴的浴室等。

米科诺斯阿多尼斯酒店
Mykonos Adonis Hotel ★★★

CHORA，Mykonos
22890-22434, 23433
www.mykonosadonis.gr

米科诺斯阿多尼斯酒店距离镇中心和小威尼斯较近，步行即可达。

酒店内营造出了温馨的家庭气氛。舒适的客房内配备有卫星电视、空调和阳台。此外，酒店内还提供免费 Wi-Fi。

阿纳斯塔西奥斯酒店
Anastasios Sevasti Hotel ★★★

School Of Fine Arts
22890-23550
www.anastasiossevasti.com

阿纳斯塔西奥斯酒店位于山坡上，在这里可以享受米科诺斯镇和爱琴海的美景。酒店内设有游泳池和健身房等设施。

提洛岛

提洛岛是希腊神话中太阳神阿波罗出生的地方。根据考古学家推测，提洛岛最早有人居住的时间要追溯到公元前 2000 年，但是直到公元前 700 年左右，才因为成为一处朝圣地而得以发展。

大约在公元前 540 年，雅典人取得了爱琴海上的霸权，提洛岛也成为一个不可亵渎的圣地。雅典人不但在岛上建立起阿波罗神庙，还将位于神庙前方视野所及之地的坟墓迁移，并且强制驱逐提洛人，理由是净化圣地。一直到罗马在爱琴海上的势力超过雅典，提洛岛才得以解放，转而成为海上的自由贸易中心，意大利、埃及、中亚等地的商队都曾在这座岛屿上留下足迹。

提洛岛交通

如何到达——渡轮

从米科诺斯岛每天有数班渡轮前往提洛岛，船程约 1 小时，旺季时还有导游导览的套餐行程。提洛岛码头就位于阿波罗圣域等遗迹区附近。

岛上交通

提洛岛面积较小，可以步行的方式参观岛上主要景点遗迹区。

注意事项

如遇海上风浪大时，前往爱琴海诸岛的船班经常取消，有时甚至长达好几天。另外，提洛岛周一不开放，因此没有船前往当地。

精华景点

古提洛遗迹 (Remains of Ancient Delos)

必游之地 MUST-VISIT PLACES

- 位于提洛岛码头附近
- 22890-22259
- 周二至周日 8:30-15:00
- 5 欧元

尽管如今只剩下断壁残垣，然而古提洛遗迹依旧见证着这座距米科诺斯岛西方不过几千米的小岛，曾经盛极一时的面貌。古提洛位于该岛的西面海岸平地上，往南朝金索斯山延伸，由于是一处圣地，因此除了阿波罗诞生的圣湖外，还包括赫拉、狄俄尼索斯等希腊神祇的神庙，以及装饰着美丽马赛克镶嵌的酒神之屋和海豚之屋等，相当值得一探。

阿波罗圣地 Sanctuary of Apollo

从入口往西边走，是一大片阿波罗圣地的遗迹，有阿波罗神庙、纳克索斯人神殿、雅典人神殿、酒神庙(两个巨大男性生殖器官像)等，传说中的提洛金库也位于这一片遗迹当中。雅典人统治爱琴海的霸权时期，建议爱琴海各岛屿捐献金钱建造神殿，并提议将钱存放在圣地提洛岛的金库当中，可惜雅典人最后将金库移往雅典，并将所有的钱花在雅典卫城的兴建上。

狮子像 Terrace of the Lions

提洛岛最著名的地标就是5只张着大嘴的狮子像，这些外层包着大理石的狮子像，据推断是在公元前7世纪，由纳克索斯人建造的，原先应该至少有16头，被摆放于提洛岛的主要道路旁，以凸显阿波罗圣地的威严。现在在威尼斯还保存着一座无头的狮子像，就是从当地搬运过去的。

考古博物馆 Archaeological Museum

馆内展出各种雕像、壁画、马赛克镶嵌画、珠宝金饰等，都是从岛上各遗迹中收集而来的。有趣的是，从这些展览品中可以看出各地的风格，包括迈锡尼文明的象牙雕刻品、雅典人像、罗马大理石像等。

酒神之屋 House of Dionysos

从入口往东走，在前往剧场的路上，有许多装饰华丽的房舍，这些建筑是昔日有钱人的住宅，大部分为单层结构，比较大一点儿的有两层以上，建材以石块为主，也有以砖砌成的建筑，墙壁涂着一层石灰，有些还会涂上鲜艳的色彩。进入大门之后，通常都会有一个院子，院子的地板上还残留美丽的马赛克图样，诉说着神话和海洋故事。

剧场 Theater

这座剧场依山势而建，叠起层层的座位，建造时间可能在公元前 3 世纪左右。座位面向西方的海洋，可以想象从前在晚上看戏之前，还能先观赏夕阳西沉的美景。剧场的后方有一些格局比较小的房间，可能是客房。

剧场前方有一座地下水槽，拱形的横梁仍然稳固完整，从此遗迹可以看出，在很久以前提洛岛就已经拥有非常优良的储水、供水系统工程。

海豚之屋 House of the Dolphins

经过剧场之后，沿着道路往金索斯山的方向前进，还有一群室内装饰保持完整的建筑，其中保存最好的就是海豚之屋。如今所有房舍的名称，其实都源自于建筑的装饰图案或雕像，而它们原本的功能大部分是有钱人的住宅或商店，以海豚之屋为例，就是因为在一进门的庭院地板上，有非常美丽的海豚马赛克图案而得名。

海豚之屋的中庭有内外两层石柱，四周是以石块砌成的墙壁，墙壁外层应该还涂有一层石灰，以红漆画上美丽的壁画，不过大部分已脱落。从中庭有几道门可以通往内室，门的结构非常壮观，是由整块大理石（至少 2

米长）叠起。海豚之屋是提洛岛房舍建筑的代表，附近的面具之屋（House of the Masks）也有非常精彩的马赛克镶嵌画值得欣赏。

金索斯山顶 Mount Kynthos

金索斯山是提洛岛上最高的一座山，海拔 110 米，爬到山顶约需 30 分钟，山顶视野极佳，可以眺望整座古提洛遗迹和远处的米科诺斯岛。如果你要攀登金索斯山，最好注意时间，因为提洛岛只开放到 15:00，最后一班回米科诺斯岛的船约在 14:45 离开，如果因为爬山而赶不上船就麻烦了。

圣托里尼岛

圣托里尼岛是爱琴海上人气仅次于米科诺斯岛的旅游胜地，但相较之下，圣托里尼岛地域广阔、环境安静悠闲，拥有沙滩、古迹、白色山城等多样貌的旅游景点，魅力更胜米科诺斯岛。

圣托里尼岛上沿着悬崖兴建的白色城市，从海上看仿佛山顶的积雪一般美丽，悠闲的气氛、温暖的人情味、随处可见的创意、甜美的自家制葡萄酒……实在让人想在圣托里尼多住几晚，而岛上也有许多随悬崖地势起伏而建的阶梯式度假旅馆，可长期租赁。除此之外，位于岛屿北边的伊亚，可以欣赏到号称全世界最美丽的夕阳，西边的火山岛屿，则拥有火星表面般凹凸不一的地形，加上东岸拥有度假海滩，南边还有传说中消失的亚特兰蒂斯——阿科罗蒂里遗迹，如此丰富多样的景观，让游览圣托里尼岛更见趣味！

圣托里尼岛交通

如何到达——飞机

从雅典搭乘飞机前往圣托里尼岛约需50分钟，旺季每天有2～4班。圣托里尼岛的机场位于卡马利海滩以北约3千米处，可搭乘巴士或出租车前往费拉等市区。

如何到达——渡轮

从比雷埃夫斯每天都有3班固定的渡轮前往圣托里尼岛，由于并非直达，船程约需8小时。另外克里特岛每天也有船班前往圣托里尼，视船务公司行程不定，各需1～5小时。一般渡轮停靠圣托里尼岛的阿提尼欧斯港（Athinios Port），此港位于费拉南方4千米处，有配合船班的巴士前往费拉市区。

岛上交通

圣托里尼岛上巴士总站位于费拉的市中心附近，由此可搭乘巴士前往圣托里尼岛除古锡拉遗迹之外的所有景点。

旅游服务中心

费拉并没有旅游局，但有许多旅行社，可询问各项旅游资讯、订房情况与行程安排。

精华景点

费拉
(Fira/Φηρά)

从阿提尼欧斯港口或机场均可搭乘巴士前往费拉

● 驴子

3.5 欧元

● 缆车

6:30、6:40、6:50 以及 7:00-21:00 间每 20 分钟 1 班

3.5 欧元

费拉是圣托里尼岛的首邑，整座白色城市位于海岸悬崖顶端，从海上看好像山头的残雪。酒吧、餐厅、商店都集中于此，是整个岛上最热闹的区域，散步其间，还可发现不少装饰精巧的可爱房舍。

费拉最鲜明的两个地标，就是大教堂（Orthodox Cathedral）与缆车站。大教堂内部装潢得金碧辉煌，壁画、从屋顶垂挂下来的大型吊灯等，将整座教堂装点得气派华丽。这里也是当地人举行婚礼的主要场所，通常在进入教堂举行仪式之前，新郎、新娘和神父会绕行街道一圈，接受众人的祝福。队伍由最前方的手风琴、小提琴、吉他等乐师带领，新人后面则跟着双方的家属亲戚，排着浩浩荡荡的队伍热闹地游街之后，才走进教堂。在蓝天白屋的背景衬托下，圣托里尼岛的婚礼显得非常浪漫。

位于费拉市中心北端的缆车站，是通往旧港口最主要的交通枢纽。缆车沿着陡峭的崖壁而建，从费拉到港口，短短 3 分钟，300 米的海拔落差，透过缆车的窗子可以感受陡降的过程及景观的变化。费拉的缆车站附近也是主要的观景点，由于视野开阔，可以眺望爱琴海及尼亚卡梅尼（Nea Kameni）、锡拉西亚（Thirasia）两座火山岛的景致。

在缆车启用前，从旧港口至费拉唯一的通道，就是这条以石板砌成的阶梯步道，全程约有 600 阶，你可以用自己的双脚走完这条路，或者选择骑驴子。

为了方便运送货物，当地居民习惯以驴子负载重物甚至代步，对游客来说，骑乘驴子则是一种有趣的体验，约 15 分钟的时间，在驴背上随着驴子的步伐而摇摇晃晃，充满了刺激。

伊亚
(Oia/Οία)

从费拉可搭乘巴士前往，车程约20分钟

必游之地 MUST-VISIT PLACES

位于圣托里尼岛北端的伊亚，是岛上名气仅次费拉的小镇。伊亚最著名的，就是它的落日海景，号称拥有世界最美的夕阳。每到黄昏时分，大批游客涌进伊亚小镇，全是为了“日落爱琴海”的美丽景致而来。

除黄昏时分外，伊亚是个悠闲的小镇，一幢幢穿凿岩壁而成的岩洞小屋，依傍山势层叠分布，沿着曲折蜿蜒的阶梯散步其间，最能感受伊亚小镇的独特风情。

卡马利海滩
(Kamri Beach/ Καμαρι)

星级推荐

- Kamari Beach Road, Kamari Beach, Thira 84700
- 从费拉可搭乘巴士前往，车程约 10 分钟
- 全天
- 免费

卡马利海滩是圣托里尼岛东面最受欢迎的度假海滩，由火山爆发所遗留的黑色卵石，形成绵延的黑卵海石滩，也成为卡马利的独特景致。

来到卡马利海滩，成排的酒吧、餐厅，不时播放着轻快的音乐，让整个海滩洋溢着轻松愉悦的气氛。姿态悠闲的游客，或者晒日光浴，或者玩水，尤其在下午时分，游客大批涌入，更显热闹。卡马利海滩也有不少旅店，让游客可以尽情享受海滨的乐趣，若想体验异于费拉、伊亚的悬崖住宿风情，这里是不错的选择。

古锡拉遗迹 (Ancient Thira/Αρχαία Θήρα)

必游之地 MUST-VISIT PLACES

- 可从卡马利搭乘迷你巴士前往
- 22860-31872
- 周二至周日 8:30-14:30
- 2 欧元

卡马利海滩上方约 370 米高的山头上，有 20 世纪 60 年代由德国考古学家所发掘的古锡拉遗迹，见证了圣托里尼的辉煌过往。早在 9 世纪时，已有多利安人在此定居，此后古锡拉历经希腊、罗马和拜占庭等政权的统治，并遭受火山爆发的侵袭，目前仍留下不少遗迹，在考古研究方面具有重要地位。

沿着步道走访遗迹，由残存的地基对照文字说明，想象昔日的样貌，诸如浴池、神殿、民宅、市场、戏院等，追忆当时这个聚落的繁华盛况。也由于它居高临下，从古锡拉遗迹可以尽览卡马利海滩以及邻近村落的全景，因此也有不少当地人会驱车至此赏景。

红沙滩

(Red Beach/ Παραλία Κόκκινη Άμμος)

星级推荐

- 从费拉可搭乘巴士前往阿克罗提尼，车程约 25 分钟
- 全天
- 免费

在圣托里尼岛南端的阿克罗提尼旁，有一片景致迷人、与世隔绝的美丽海滩。从公车总站沿着海滩走，约 10 分钟可以看到一座小巧的白色教堂，坐落于红色岩壁前方。再往前走，就能看见一大片的红色裸岩，由此俯望，放眼所及尽是红色山壁包围着成片的沙滩。

要到红沙滩，还得爬过这片裸岩，往下走到海边才行，但一切的辛苦都是值得的。正因为有岩壁的阻绝，这里的沙滩显得格外幽静，虽然也有海滩椅与阳伞，但没有酒吧的震耳音乐，再加上这里的沙因为富含铁质而呈现红色，在阳光照射下显得格外亮眼，种种因素使得红沙滩大受欢迎。

尼亚卡美尼岛 (Nea Kameni/ Νέα Καμένη)

圣托里尼岛旁边

乘船可达

可在圣托里尼岛上的各地旅行社参加半日或一日游行程

圣托里尼岛自古以来就不断受到地震、火山喷发等影响，导致岛上文明的衰落与兴起，也造成陆地下沉与新兴岛屿浮起，位于该岛西边的几座小岛，就是火山活动的杰作，而这些地震的源头，就是位于圣托里尼岛旁边的海上火山——尼亚卡美尼岛。

圣托里尼岛上各旅行社都有游览火山岛的行程，半日游的行程约 3 小时，从旧港乘船至尼亚卡美尼岛，登岛后可近距离欣赏火山地质景观，之后再到帕利亚卡美尼岛（Palea Kameni）沿岸的海中温泉；一日游则除了半日游的行程外，再增加锡拉西亚岛以及伊亚岸边观赏夕阳的行程。

住在圣托里尼岛

维德玛度假酒店
Vedema Resort ★★★★★

Vedema Resort, Megalohori, Santorini
22860-81796
根据不同房型与淡旺季 375~3950 欧元
www.vedema.gr

维德玛度假酒店坐落于名为麦格赫瑞（Megalohori）的传统村落，没有游客的嬉闹嘈杂，更显恬静。拥有 45 间客房的维德玛度假酒店，每间客房都像艺术品，不同于一般酒店采用的米白色基调，维德玛度假酒店的客房有以鲜绿、水蓝、粉红、亮黄为主，明亮浓烈的色彩，让每个房间都显得生气蓬勃且风格独具。

基里尼温泉套房酒店
Kirini Suites ★★★★★

Kirini Suites, Oia , Santorini
22860-71236
根据不同房型与淡旺季 435~1650 欧元
www.kirini.com

酒店坐落于伊亚小镇的南缘，依着崖壁而建，一幢幢白色小屋层叠错落。位于崖壁最高处的大厅接待处，是幢小巧可爱的白色小屋，内部空间采用圣托里尼最具特色的岩洞建筑形式，以圆弧的屋顶与柔和的光线，营造出温馨舒适的气氛。在这里，典雅的桌椅取代了柜台，旅客填写登记入住资料的同时，酒店工作人员会送上冰凉气泡酒与毛巾，先让房客消除旅途的疲惫。

卡缇吉斯酒店
Katikies Hotel ★★★★★

Katikies The Hotel, Oia 84702, Santorini
22860-71401
根据不同房型与淡旺季 380~1650 欧元
www.katikies.com

卡缇吉斯酒店是伊亚小镇最知名的精品酒店，属于 SLH 国际酒店组织 (Small Luxury Hotels of the World) 的一员，酒店内所有房间拥有面海的私人阳台，房间的设计多以白色为墙面基调，并结合岩洞建筑样式。最特别的是，这里的家具别具古典欧风，木质书桌、古老钢琴、铜铸的灯饰等，都为客房增添了些许雅致情调。此外，酒店还提供很多配套设施，光是泳池就有 3 座，最受欢迎的则是那座延伸至平台前缘的泳池。

岩石酒店 ★★★★
On the Rocks

Imerovigli, 84700, Santorini
22860-23889
www.onrocks.net

阿尔塔纳传统套房
Altana Traditional Suites

Imerovigli, 84700, Santorini
22860-23240
www.altana.gr

纳克索斯岛

纳克索斯岛是基克拉泽斯群岛中面积最大的岛屿，同时也是农产地最丰饶的地区。面积约 428 平方千米，形状就像个马铃薯的纳克索斯，岛上最主要的农作物也是马铃薯，除此之外，这里肥沃的土壤还滋养着橄榄、樱桃、香橼、无花果与葡萄等作物。盘踞于岛的中央，高约 1 004 米的宙斯山（Mt. Zeus）是岛上的最高峰，也是整个基克拉泽斯群岛中最高的山峰。

相较于米科诺斯岛和圣托里尼岛等岛屿，纳克索斯岛的游客明显地少了许多，再加上岛上大多还维持着以农渔为业的传统生活风貌，悠闲沉静的气氛，也吸引了一些想远离喧嚣的旅人来访。英国诗人拜伦就曾称此地为“梦幻之岛”（Dream Island）。除了雄踞于码头北方小岛的阿波罗神殿、位于市区高处的中世纪城堡区，他们更将脚步往岛的东侧延伸，这里的几座山间村落，都以传统的乡村风情而吸引旅人停驻，其中又以依旧维持中世纪古镇样貌的艾皮朗塞斯（Apiranthos）最为迷人。

纳克索斯岛交通

如何到达——飞机

从雅典搭乘飞机前往纳克索斯岛大约需要40分钟，每天有2～4班。

如何到达——渡轮

从比雷埃夫斯每天都有渡轮前往纳克索斯岛，船程约5小时，除渡轮外每天也有水翼船前往纳克索斯岛，船程约需4小时。纳克索斯岛码头位于荷拉，可从这里搭乘巴士前往各地。

岛上交通

纳克索斯岛巴士站位于港口旁的广场上，有班车前往艾皮朗塞斯，车程约1小时，但班次不多，可先查看办公室门口公布的巴士班次表。

精华景点

荷拉
(Hora/Χώρα)

纳克索斯岛的渡轮码头正位于荷拉

必游之地 MUST-VISIT PLACES

威尼斯博物馆

Kάstro, Naxos, 84300, Cyclades

从渡轮码头步行前往约 5 分钟

22860-22387

7—8 月 11:00-15:00、19:00-22:00，9 月至次年 6 月 10:00-15:00、19:00-22:00

成人 5 欧元、学生 3 欧元

www.naxosisland.gr

阿波罗神殿

从渡轮码头步行前往约 2 分钟

纳克索斯岛上最大的城镇，就是位于西侧的荷拉，一般也称为纳克索斯镇（Náxos Town）。码头除了是搭载游人的客船停靠处，也泊满了当地居民的渔船，沿着码头散步，不时能看见往来的渔船、整理渔网的渔民……呈现出最真实的渔村气息。

码头旁的道路 Protopapadaki 上，一家挨着一家的餐厅、纪念品店，是全岛旅游气息最浓厚的地方；拐进巷子，曲折的上坡路通往中世纪的旧城堡区（Kástro），这是萨努度（Sanudo）家族 1207 年定都纳克索斯时兴建的。这座雄踞高处的建筑，共有 7 座塔楼，在当时可谓颇具规模，除了因地势优越而担负防御职责外，也有数座威尼斯式屋舍坐落此区，走访其间，在石砌的墙面上，不难发现各个家族的家徽。

由城堡区北端的通道往下走，是一处由弯弯曲曲的巷弄、拱形的廊道、一幢幢屋舍所构成的博格斯（Bourgos）聚落区。在中世纪时，信仰天主教的威尼斯贵族、商人们居住在高处的城堡区，而城堡下方则是信仰希腊东正教的老百姓生活的聚落。

在博格斯游逛，是来到纳克索斯绝不能错过的

体验，因为每个拐弯，都有新的视觉乐趣，一会儿是瞪大眼睛对着人瞧的猫咪，一会儿是装点得缤纷精巧的小花圃，一会儿是幽暗的拱廊通道，一会儿又是颇具特色的小咖啡店……风情万千且各具其趣。

威尼斯博物馆
Venetian Museum/Della Rocca Barozzi Tower

城堡区里最吸引人的焦点，就是威尼斯博物馆。这座博物馆是一座建于 13 世纪的石砌建筑，而从内部的格局、家居装潢与生活用品，不难想见昔日上流社会的生活样貌。

除了静态展览，每年夏天馆方还会举办一连串的音乐会，其中的黄昏音乐会，让人们一边享受落日风景，一边欣赏纳克索斯的传统音乐舞蹈，同时还可品尝本地特产的香橼酒；此外还有多场爵士音乐会、小提琴与钢琴演奏会等节目。

阿波罗神殿
Temple of Apollo

阿波罗神殿是纳克索斯的地标，耸立于荷拉港口北侧的山丘上，巨大的大理石门，是一项伟大建筑计划的仅存残迹。公元前 552 年，残暴的统治者莱格达米斯（Lygdamis）下令建造一座全国最大的神殿献给太阳神阿波罗，神殿的方向则正对着太阳神诞生的提洛岛。神殿有 59 米长、28 米宽，并拥有成排对衬的柱廊。当时，神殿所在的位置是一座独立于纳克索斯岛外的小岛，但在兴建神殿的工程中，为了方便建材的运送，在莱格达米斯的命令下，以人力修筑了一条长长的堤坝与本岛连接。

不过，随着莱格达米斯专制政权的衰落，这座神殿也迟迟无法完工。时至今日，仅存孤独屹立的石门与散落的大理石基座，见证着莱格达米斯的勃勃野心。每至黄昏时分，有不少游人便迎着海风、沿着堤坝来到这座小丘，为的是等待红通通的夕阳落下，镶嵌在大理石门中的独特画面。

艾皮朗塞斯 (Apiranthos/Απείρανθος)

纳克索斯岛东侧

从荷拉搭乘巴士前往约需 1 小时

星级推荐

纳克索斯全岛共有 41 座大小村镇，其中最具风情的，就属艾皮朗塞斯。位居山间的艾皮朗塞斯，早期是岛上的主要矿产地，由金刚砂石块砌成的屋舍，以石板小径、阶梯串联其间。

从荷拉搭车抵达艾皮朗塞斯，从巴士站走到白色教堂的后方，即村落所在。转角处的树荫下，摆着几张桌椅，是当地老人的聚会处，早晨点一杯希腊咖啡，在此闲话家常。

沿大理石阶往上走，一间间屋舍依坡层叠而建，大多为白色外墙，搭配着蓝、绿、黄色的大门，其中间或有早期的石砌拱廊，白发老翁拄着拐杖缓行而过，有时还有小贩牵着小毛驴，驮着货物，沿街叫卖。

艾皮朗塞斯四周是传统的农村，绿意环抱的山谷间，辟有一畦畦的梯田，种植马铃薯等作物。春夏两季，走在公路上，少有车声、人声，只听见鸟叫、虫鸣和牛铃声。

克里特岛

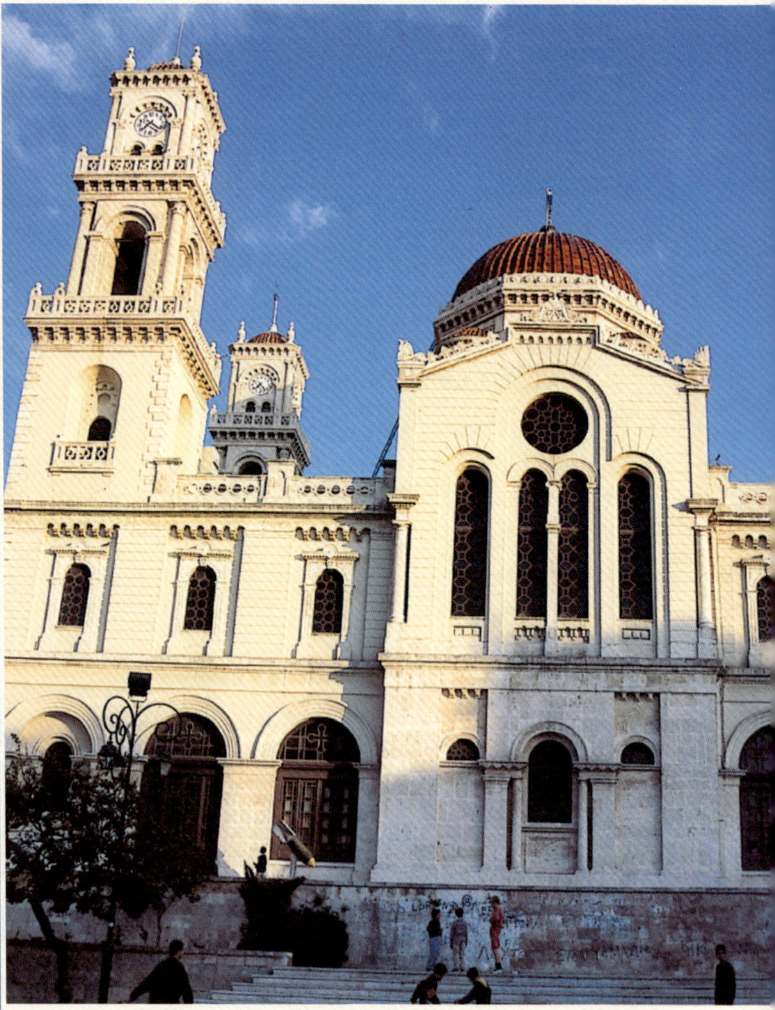

面积广达 8 300 平方千米，位于希腊南端的克里特岛，是这个国家境内最大的岛屿，它不但是欧洲最古老文明——米诺斯文明的发源地，同时也是希腊著名作家尼可斯・卡赞札基斯（Nikos Kazantzakis）的出生地，卡赞札基斯创作的小说《希腊左巴》（*Zorba the Greek*），因 1964 年翻拍的同名电影而享誉国际，他笔下的人物左巴，生动地展现了克里特人鲜明的性格。

来到克里特岛，印象最深刻的不是海滩，而是绵延的山脉、一望无尽的葡萄园和橄榄园，乘着慢慢摇晃的巴士深入山里的小城，又是另一种自由且畅快的岛屿旅行体验！

伊拉克利翁是克里特岛的商业中心，号称全希腊最富有的都市，1971 年取代干尼亚成为克里特岛的行政中心。到伊拉克利翁来的游客，主要是为了参观克诺索斯王宫遗址。干尼亚是仅次于伊拉克利翁的克里特岛第二大城市，全市最有魅力的地方就是旧港湾一带留下来的威尼斯式建筑，环抱着半圆形的威尼斯港，许多保存下来的老式建筑如今已改建成餐厅、民宿。

克里特岛交通

如何到达——飞机

克里特岛有两座国际机场，主机场位于伊拉克利翁，在干尼亚则有一座较小的机场。从雅典飞往两座机场均需50分钟，前往伊拉克利翁的班机较多，每天约有6班，飞往干尼亚的则每天2～5班。伊拉克利翁机场位于市区东方约4千米处，可搭乘1号巴士前往市区，车程约10分钟，另外也可在机场外搭乘出租车。干尼亚机场距离市区约14千米，只能搭乘出租车或请旅馆代为安排接机。

如何到达——渡轮

从比雷埃夫斯每天都有渡轮前往克里特岛，无论是前往伊拉克利翁或干尼亚的船，航班均需约9小时。另外，比雷埃夫斯还有快速游艇前往干尼亚，行程只需6小时，而圣托里尼岛每天也有1～2班渡轮前往伊拉克利翁，船程约2小时。伊拉克利翁港口距离市中心约1.5千米，可以步行方式前往，或搭乘出租车。至于从比雷埃夫斯前往干尼亚的渡轮，停靠在距离市区约7千米的斯达（Souda）港，可搭乘13号巴士前往干尼亚市区，车程约15分钟。

旅游咨询

伊拉克利翁旅游服务中心

1 Xanthoudidou St., Irá-klion, Crete

2810-228203

周一至周六 8:30-20:30，周日、假日公休

www.greeka.com/crete

精华景点

伊拉克利翁

伊拉克利翁是克里特岛的首邑，该市最著名的景点，就是位于 5 千米外的克诺索斯王宫遗址。由于游客前往伊拉克利翁大多为参观克诺索斯王宫，因此市区内并不太受旅游业的影响，仍然维持一般的生活方式，因此在这里更能体验克里特岛人的生活习惯，特别是走一趟 1866 街，当地人的生活百态全流动其中。

考古博物馆 (Archeological Museum/ Αρχαιολογικό Μουσείο)

MUST-VISIT PLACES 必游之地

- Xanthoudidou St., Herakleion（位于艾拉弗瑟瑞亚广场北面）
- 从市中心威尼斯广场（Plat Venizelou）步行前往约 10 分钟
- 2810-279000
- 4—9 月周一 13:00-19:30、周二至周日 8:30-19:30，10 月至次年 3 月 8:00-17:00
- 6 欧元

这座博物馆之所以珍贵，是因为它拥有世界最古老的米诺斯文明的展品。馆内共分为 20 个展示室，展示有象形文字陶板、公牛头酒器、持蛇女神像以及黄金蜜蜂垂饰等，都是该博物馆不可错过的珍宝。

象形文字陶板
Phaistos Disc

位于3号展示室的圆形陶板，其上方雕刻的到底是不是一种古老的文字？至今仍然是个谜。这件陶板大约是公元前17世纪的产物，它的发现令考古学家非常兴奋，因为如果证实刻纹为一种文字的话，人类书写的历史又可再往前推进一步。

公牛头酒器 Bull's Head Rhyton

这尊公牛头酒器位于4号展示室，由20厘米高的黑色石头雕刻而成，两只牛角以黄金打造，形成一个很漂亮的弯曲弧度，其中最精彩的是镶嵌于牛头眼睛处的水晶，让整座酒器显得栩栩如生，推断是公元前16世纪的作品。公牛角的标记，在克诺索斯遗迹里四处可见，是米诺斯文明最明显的象征，同时也为牛头人身怪物的神话，多添了一笔神秘色彩。

持蛇女神像 Snake Goddess

同样位于4号展示室的持蛇女神像出土于克诺索斯遗迹，由于雕刻非常精细，成为考古博物馆中最引人注目的展览品之一，根据推测大约出现于公元前16世纪。在米诺斯文明的记载中，蛇象征生殖和繁衍，因此这座雕像可能与繁衍子孙有关。

黄金蜜蜂垂饰 Gold bee Pendant

在7号展示室中有许多非常漂亮且精致的珠宝饰品，其中多以黄金雕刻打造而成，说明米诺斯王国是个工艺技术非常高超的国家，他们制造的大量精致饰品，促进了海上贸易的发展。这个黄金蜜蜂垂饰是最经典的代表作，蜜蜂身躯上细腻的纹路，连现代的金属工艺都望尘莫及，制造时间大约为公元前17世纪。

1866街 (1866 St.)

星级推荐

1866 St.
从市中心威尼斯广场步行前往约5分钟

1866街是伊拉克利翁最有生活味的地方，入口处大部分是售卖一般生活所需的蔬菜水果，而中间有一些乳酪专卖店，供应各式各样的乳酪，其中，盛装于大陶盆的家庭制酸奶称斤卖，酸味十足，配上蜂蜜，就是一道非常可口的点心。不妨在1866街的咖啡馆或酒馆，点一杯茴香烈酒，坐在这里体会当地人的生活百态。

克诺索斯王宫遗址 (Knossos/Κνωσός)

MUST-VISIT PLACES 必游之地

从A巴士总站搭乘前往克诺索斯的2号蓝色巴士，车程约20分钟，平均每20分钟1班车
2810-231940
4—9月8:00-19:30，10月至次年3月8:30-15:00
6欧元

希腊神话中，一直都有关于米诺斯王国、米诺斯王宫和迷宫等传说，其中最著名的，要属牛头人身怪物米诺特和大迷宫的故事：破坏与海神波塞冬约定的米诺斯王，为了不让妻子产下的牛头人身怪物危害人民，只好建造一座大迷宫，将怪物困在其中，并每年以7男、7女当作献祭。

不过由于过去很长一段时间，一直没有相关证据可以证明，使得这些故事仅能以神话的面貌呈现。终于在1900年时，因英国考古学家亚瑟·伊文斯（Sir Arthur Evans）发现了克诺索斯遗迹，并持续挖掘出大量古物，才填补了这段历史上的空白。它不但证实米诺斯文明的存在，同时也因为出现于遗迹中的复杂大型宫殿和多层房间，让大迷宫的传说多了几分真实性。现在在克诺索斯遗迹的入口处，还可以看到一座亚瑟·伊文斯的雕像，用来纪念这位学者对于古希腊史前历史的贡献。

列队壁画走廊 Corridor of the Procession Fresco

从西侧入口进入遗迹，可以看见一道彩绘壁画的走廊，称为列队壁画走廊，壁画上描绘了捧着陶壶的青年，排成一列往前行进，因为这条走廊可以通往宫殿中庭，据推测是记载奉献礼品给国王的盛况。而他们献礼的对象，可能就是中庭南边另一个壁画中所描绘的百合王子（Prince of Lilies）。现在整面墙都已刮下重新修复，壁画遗迹展示于伊拉克利翁的考古博物馆中。

仓库 Magazines

经过正面玄关入口之后继续往前走，会看到左手边有一排排沟形的建筑遗迹，这里就是仓库。可以看见在小间的仓库储存室中，放置着一些陶罐，可能是用来储存油、小麦种子、谷物等，在东门附近更有两只巨大的陶瓶，瓶上立体的纹饰非常美丽。这一类陶罐在考古博物馆中还有许多，可见当时的米诺斯王国人口非常众多。

王后浴室 Queen’s Bathroom

王后浴室是参观重点之一，因为从这里可以看到克诺索斯宫殿建筑的结构，特别是柱子，上面粗下面细的设计可能是为了顾及视觉上的平衡。柱子涂上鲜红色漆，顶端以黑色装饰。

王后浴室里的海豚壁画，可能是整座遗迹中最迷人的一部分，在浅蓝色的海豚周围还有各色鱼群一起游弋，栩栩如生的景观，可见当时人们对家居装潢的讲究。此外，在考古博物馆里还可以看到雕刻精美的浴缸。

王后房间 Queen’s Megaron

王后房间就在浴室附近，也是壁画非常精彩的一个房间，从结构上可以发现，克诺索斯的宫殿以石块与木材混合建成，在门中间的壁面上装饰有非常美丽的花纹。

主阶梯 Grand Staircase

主阶梯通往下层的房间，显示出克诺索斯宫殿复杂的建筑。据估计，整个宫殿有 1 200 间以上的房间，这里所看到的，就是容纳了许多房间的楼层。虽然现在看来只有 4 层，但原本应该更多，而且更令人吃惊的是，这些房间经过设计，拥有极佳的采光，如今还能看到墙上的盾形壁画，但原本色泽应该更加鲜艳丰富。

王道 Royal Road

这个位于北侧入口的大坡道，据推测是货物进出的门，墙上的壁画又是另一件精彩之作——一幅戏牛图，画面上的 3 名男女与 1 头公牛互相角力，似乎在表演特技。其他还有青鸟等色彩非常优雅的壁画，目前同样都存放于伊拉克利翁的考古博物馆中。

干尼亚和周边

如果想体验威尼斯风情，一定不能错过干尼亚，它是克里特岛上最具有威尼斯风情的一座都市，特别是在旧港湾一带，许多环抱半圆形港湾的老式建筑，保存至今已纷纷改建成餐厅和民宿。整个城市的气氛配合干尼亚人缓慢的生活节奏，显得非常悠闲，分布于小巷子里的多家手工艺店和艺术家工作室，足足可以让人逛上一整天。在皮件街上可以买到手工制作的皮拖鞋等皮件，而一旁大型室内中央市场则销售各种克里特岛特产，从橄榄、蜂蜜到香料应有尽有，选择丰富，让干尼亚成为克里特岛的购物天堂。

Skrid-lof路 (Skridlof/Σχρυδλωφ)

Skridlof

从旧港湾步行前往约3分钟

Skridlof路又被称为皮件街，顾名思义，整条街当然是以整排的皮件商店著称，而这里自然也是干尼亚游览购物的重点。可惜的是，街上有许多店家挂出来的都是工厂量产的皮件，设计不如雅典的特别，不过花时间在店里慢慢寻找，也能发现不错的东西。以种类来区分，商品主要包括男式皮夹克、男女用皮包、皮夹等，有些皮夹上刻有米诺斯宫殿遗迹的绘画，是这里比较特别的商品。

市场
(Market)

星级推荐

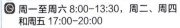

从旧港湾步行前往约 6 分钟

周一至周六 8:00-13:30，周二、周四和周五 17:00-20:00

干尼亚最吸引人的地方之一，就是这个呈十字形的大型室内市场。整栋建筑兴建于 1911 年，半透明的屋顶可以透入自然光，从主要道路 Gianari 的入口进去，两边会先看到一些传统的腌渍物专卖店、乳酪专卖店等，这些都是当地人最常光顾的地方。接下来，就是一整排卖蜂蜜的商店，过了十字交叉点之后，几乎整排都是供应香料、蜂蜜、橄榄制品、酒等克里特岛的特产，当然，此区也常被游客挤得水泄不通。

香料、橄榄、蜂蜜是本地不能错过的特产，品质非常优良而且价钱出乎意料地比雅典便宜。如果不嫌重的话，还可以带瓶茴香烈酒或岛上特产的烈酒回去。

罗得岛

罗得岛是希腊爱琴海诸岛中位于最东边的岛屿，属于多德卡尼萨群岛（The Dodecanese/Δωδ ε κάν η σ α）中的一员。“多德卡尼萨”在希腊文中的意思是“12 座岛”，但事实上多德卡尼萨群岛下属的岛屿超过 12 座，此名称来源于第二次世界大战前 12 座联手对抗土耳其统治的岛屿，它们带领其他岛屿重回希腊的怀抱。

多德卡尼萨群岛中最具人气的岛屿为罗得岛，该岛最具规模的城市是罗得市。历史悠久的罗得市也是多德卡尼萨群岛的首邑，然而真正让它声名大噪的，是那尊被列为古代七大奇观之一的太阳神像。罗得市旧城是岛上的必访景点之一，石块筑起的城墙，最宽达 12 米，整个将旧城包围起来，所有人必须通过城门才能进入旧城区，充分展现了战时的防御功能。旧城内的街道狭窄曲折，房舍呈现中世纪的古典风格，里面坐落着伊斯兰教清真寺、拜占庭教堂、犹太人教堂等不同的文化痕迹，呈现出最丰富的样貌，反映了罗得岛被许多不同民族统治过的历史，也因此该城区于 1988 年被列入《世界遗产名录》。

罗得岛交通

如何到达——飞机

罗得岛的机场位居罗得市西南方 16 千米处，每天从雅典有 4 ~ 5 班飞机、克里特岛的伊拉克利翁有 1 ~ 2 班飞机前往当地，航程约 1 小时。从罗得岛的机场可搭乘每半小时 1 班的巴士前往市区，车程约 30 分钟，也可搭乘出租车前往。

如何到达——渡轮

从比雷埃夫斯每天都有渡轮前往罗得岛，航程约需 11 小时 30 分钟。另外，克里特岛的伊拉克利翁每周也有船班前往罗得岛，船程需 12 ~ 13 小时。罗得岛港口位于罗得市的旧城区，由此步行前往市区各大景点都相当方便。

精华景点

希波克拉底广场 (Plateia Hippocrates)

位于罗得港边
全天
免费

必游之地 MUST-VISIT PLACES

希波克拉底广场位于当地最热闹的一条街——Sokratous 路上，往往是游客逛累了之后的休息场所，同时也是罗得旧城中最明显的一个地标。广场中央有一座喷泉（Castellania Fountain），常常有鸽子围在这里喝水，周围有许多露天咖啡座和餐厅，每天都坐满了游客。餐厅服务生总是热情地招呼路过的游人，广场一角的阶梯则是免费的休息处，经常可见来自各国的年轻人聚集于此。

从希波克拉底广场出发，有一条经典的散步路线，可以大体认识旧城的各种风貌：从广场南边的一条小巷子 Pithagora 路走进去，会来到一个与希波克拉底广场截然不同的、安静而古老的世界，在两旁更狭窄的巷弄里，散落着多家当地人经常前往的餐厅。沿着 Pithagora 路继续往前走，将近路的尽头时转接 Omirou 路，这条路上有许多便宜的民宿可供选择。再继续往下走要注意了，因为巷子越来越复杂，仔细寻找右边一条 Agiou Fanouriou 路，这条路比前两条还要狭窄，但是最能代表旧城特色的地方。沿途分布多家小商店和旅馆，由此一直走，就可以回到最热闹的 Sokratous 路。

熟悉这条散步路线可以让人穿梭于巷弄中不容易迷路，但真正的乐趣，是按图索骥地钻入每条大路小巷，里头隐藏了更多的惊喜。

土耳其浴澡堂 (Turkish Bath)

- Platia Arionos, Old Town
- 从希波克拉底广场步行前往约 4 分钟
- 2810-279000
- 周二 13:00-19:00，周三至周五 11:00-19:00，周六 8:00-18:00
- 5 欧元

这座兴建于 18 世纪的土耳其浴澡堂，是希腊境内难得一见的建筑，在这里可以享受到传统土耳其浴，是相当难得的体验。特别是对于不打算继续前往土耳其旅行的游客来说，可以把握机会在此享受一下！

罗得岛上的土耳其浴传统，源自于奥斯曼土耳其帝国统治期间。土耳其浴衍生自桑拿浴，洗浴者首先在一间称为暖房（Warm Room）的房间里放松，接着在泼溅冷水到自己身上以前，先前往热房（Hot Room）洗净全身并接受按摩，最后才到冷却房（Cool Room）中休息，如此才算完成整段洗浴过程。

犹太人区 (Jewish Quarter)

- 位于 Sokratous 路上
- 全天
- 免费

在希波克拉底广场附近的爱玛恩广场（Martyron Evreon），是另一个热闹的地标，中央立着 3 座海马雕像，是它最具代表性的标志。这座广场又称为犹太广场，因为从这里往南延伸的区域，大部分是昔日犹太人居住的地方。在第二次世界大战期间，许多居住在罗得岛上的犹太人被送往奥斯维辛集中营，因此现在该区中央设有一个纪念碑，用以纪念在战争中牺牲的犹太人。在住宅区中，还有一座犹太会堂（Synagogue），是附近居民做礼拜的地方。教堂内的墙壁呈淡蓝色，没有华丽的壁画装饰，显得简约朴素。

考古博物馆 (Archaeological Museum/Αρχαιολογικό Μουσείο)

星级推荐

- 从希波克拉底广场步行前往约 2 分钟
- 22410-27657
- 周二至周日 8:30-14:30
- 6 欧元，旧城景点通用票 10 欧元

考古博物馆设立于 15 世纪建成的骑士军团医院旧址上，整座建筑本身就是一件非常美丽的展示品。在它展出的众多古物当中，又以罗得岛美神阿芙洛狄忒（Aphrodite of Rhodes）的大理石雕像最为知名，该作品完成于公元前 1 世纪。在下一间展示厅中，则收藏着另一座公元前 4 世纪雕刻的达拉西亚美神阿芙洛狄忒（Aphrodite of Thalassia）像。

除美神雕像外，考古博物馆里还收藏着一尊太阳神赫利俄斯（Helios）的头像，该雕像设立在骑士团长宫殿旁，是从太阳神庙遗迹中发现的。大量彩绘陶器也是考古博物馆的重要收藏，它们的年代大多可追溯到公元前 9 世纪到公元前 5 世纪之间。

骑士军团街 (Street of the Knights/οδός Ιπποτών)

- 连接港口和骑士团长宫殿
- 全天
- 免费

罗得岛在历史上曾经被许多外来政权统治过，其中统治最久的就是圣约翰骑士军团（The Knights of St. John），从 1309 年起共统治这里 213 年。骑士军团街是罗得旧城里另一个迷人的景点，从骑士团长宫殿一路通往港口，两边林立着用石块兴建的房舍，在 14 世纪的时候被当作各国骑士的集会室。每栋建筑门上都镶嵌着大理石家徽，用以区别国籍。在敌人入侵的时候，骑士们就会在中央的石板大道上集合，准备出击。

从建筑上的家徽来辨认，当时有法国、意大利、西班牙、英国等国的骑士在此驻扎，但按照历史叙述，应该还有德国的骑士军团才完整，只是现在找不到相关遗址。整条街上的建筑在 20 世纪初由意大利人重建过，现在大部分房间都当作罗得市政府机关的办公室使用。

骑士团长宫殿 (Palace of the Grand Masters/ Παλάτι του Μεγάλου Μαγίστρου)

从希波克拉底广场步行前往约 5 分钟
22410-23359
夏天周一 12:30-19:00、周二至周日 8:00-19:30，冬天周一 12:30-15:00、周二至周日 8:30-15:00
6 欧元，旧城景点通用票 10 欧元

骑士团长宫殿是罗得旧城里最吸引人的景点之一，一间间华丽的房间大厅，若要仔细欣赏，需 1 小时左右。

事实上，今日的宫殿建造历史并不长久，1856 年时，昔日的宫殿在某次弹药走火造成的爆炸意外中全毁，现在看到的建筑是后来意大利人重建的结果，室内的马赛克镶嵌地砖，许多都是从附近的柯斯岛（Kos）遗迹中搬过来的。这座富丽堂皇的宫殿，原本用来当作墨索里尼和埃马努埃莱三世国王的别墅，现在则以博物馆之姿对外开放。其中，梅杜莎厅（Medusa Chamber）、虎厅（Tiger Chamber）、海神厅（Thyrsus Chamber)、海豚厅（Dolphin Chamber）、九位女神厅（Chamber With The Nine Muses）等，都有非常精彩的马赛克地砖，至于圆柱大厅（Chamber With Colonnades）则以气派的装潢让人印象深刻。

罗得市新城 (Rhodes New Town)

从希波克拉底广场步行前往需10～15分钟

星级推荐

新城大部分是现代化的市街，没有什么特别之处，但仍有几个地方值得一看，其中曼卓基港口（Mandraki Harbour）有罗得市的象征——一对雌雄鹿的青铜雕像矗立在港湾边，护卫着进出的船只，这里是欣赏夕阳最适宜的地点。而在港边有许多小游艇，提供海上一日游或出海浮潜的行程，岸边设有咨询柜台可以直接报名。

在曼卓基港口附近，有一栋围成一圈的建筑称为新市场，圆圈内外都有不错的餐厅和商店，特别是面对港口的一侧，有两家咖啡馆提供美味的甜点。

新市场西侧的阿韦罗夫（Averof）路，是通往岛上其他城镇的公车站所在地，由此搭车可以前往林多斯、蝴蝶谷等著名旅游景点。在Papagou路与Makariou路交会处则有旅游咨询中心，提供各种交通资讯，包括前往其他岛屿的船班、飞机等。

曼卓基港口南侧，有一段城墙一直延伸到海边，形成金黄与蔚蓝对照的景观，也是游客拍照的名景之一。再往南直到海城门（Marine Gate）附近，有许多卖海绵的小摊，这些罗得岛特有的品质优良的天然海绵，千万不要错过！旧城西侧与南侧有一条沿着城墙的森林步道，可以眺望城墙壮观的姿态。

本图书是由北京出版集团有限责任公司依据与京版梅尔杜蒙（北京）文化传媒有限公司协议授权出版。

This book is published by Beijing Publishing Group Co. Ltd. (BPG) under the arrangement with BPG MAIRDUMONT Media Ltd. (BPG MD).

京版梅尔杜蒙（北京）文化传媒有限公司是由中方出版单位北京出版集团有限责任公司与德方出版单位梅尔杜蒙国际控股有限公司共同设立的中外合资公司。公司致力于成为最好的旅游内容提供者，在中国市场开展了图书出版、数字信息服务和线下服务三大业务。

BPG MD is a joint venture established by Chinese publisher BPG and German publisher MAIRDUMONT GmbH & Co. KG. The company aims to be the best travel content provider in China and creates book publications, digital information and offline services for the Chinese market.

北京出版集团有限责任公司是北京市属最大的综合性出版机构，前身为1948年成立的北平大众书店。经过数十年的发展，北京出版集团现已发展成为拥有多家专业出版社、杂志社和十余家子公司的大型国有文化企业。

Beijing Publishing Group Co. Ltd. is the largest municipal publishing house in Beijing, established in 1948, formerly known as Beijing Public Bookstore. After decades of development, BPG has now developed a number of book and magazine publishing houses and holds more than 10 subsidiaries of state-owned cultural enterprises.

德国梅尔杜蒙国际控股有限公司成立于1948年，致力于旅游信息服务业。这一家族式出版企业始终坚持关注新世界及文化的发现和探索。作为欧洲旅游信息服务的市场领导者，梅尔杜蒙公司提供丰富的旅游指南、地图、旅游门户网站、App应用程序以及其他相关旅游服务；拥有Marco Polo、DUMONT、 Baedeker等诸多市场领先的旅游信息品牌。

MAIRDUMONT GmbH & Co. KG was founded in 1948 in Germany with the passion for travelling. Discovering the world and exploring new countries and cultures has since been the focus of the still family owned publishing group. As the market leader in Europe for travel information it offers a large portfolio of travel guides, maps, travel and mobility portals, apps as well as other touristic services. It’s market leading travel information brands include Marco Polo, DUMONT, and Baedeker.

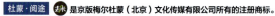